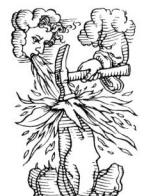

# Luxus auf dem Land

Die römischen Mosaiken von Munzach

DEBORA SCHMID

Schriften der Archäologie Baselland 52   Schwabe Verlag Basel

Gedruckt mit Unterstützung der BERTA HESS-COHN STIFTUNG, Basel

Die Publikation wurde durch die MUNZACHGESELLSCHAFT, Liestal, und die FREY-CLAVEL-STIFTUNG, Basel, gefördert.

MIX
Aus verantwortungsvollen Quellen
FSC® C068066

IMPRESSUM

| | |
|---|---|
| Herausgeber: | Bildungs-, Kultur- und Sportdirektion des Kantons Basel-Landschaft, Archäologie Baselland www.archaeologie.bl.ch |
| Redaktion, Layout: | Reto Marti |
| Grafik, Layout: | Tom – it's fair design! www.tom-ifd.ch |
| Korrektorat: | Andreas Fischer |

Copyright © 2016 Schwabe AG, Verlag, Basel, Schweiz
Dieses Werk ist urheberrechtlich geschützt. Das Werk einschliesslich seiner Teile darf ohne schriftliche Genehmigung des Verlages in keiner Form reproduziert oder elektronisch verarbeitet, vervielfältigt, zugänglich gemacht oder verbreitet werden.
Gesamtherstellung: Schwabe AG, Druckerei, Basel / Muttenz, Schweiz
Printed in Switzerland
ISBN 978-3-7965-3642-7
ISBN eBook 978-3-7965-3664-9

rights@schwabe.ch
www.schwabeverlag.ch

## Inhalt

|  | Vorwort des Herausgebers | 7 |
|---|---|---|
|  | Vorwort der Autorin | 9 |
| **1** | **Einleitung – Die Entdeckung der Munzacher Mosaiken** | 10 |
| 1.1 | Theodor Strübin, der Entdecker und Ausgräber von Munzach | 12 |
| 1.2 | Dokumentation und Vorgehen | 13 |
| **2** | **Der Gutshof – Luxus und Landwirtschaft** | 14 |
| 2.1 | Das Umland | 15 |
| 2.2 | Lage, Name und Bewohnerschaft des Gutshofs | 15 |
| 2.3 | Die Konzeption der Anlage | 17 |
|  | 2.3.1 Das Hauptgebäude der *pars urbana* mit den Mosaiken | 20 |
|  | 2.3.2 Der Hof mit Gartenanlage | 20 |
| 2.4 | Grösse des Gutshofs und Wohlstand seiner Bewohner | 21 |
| 2.5 | Die Datierung des Gutshofs | 23 |
| 2.6 | Das Quellheiligtum | 25 |
| **3** | **Die Mosaiken – Erhaltung, Beschreibung, Einordnung** | 26 |
| 3.1 | Mosaik I | 27 |
|  | 3.1.1 Technische Daten, Befund und Erhaltung | 27 |
|  | 3.1.2 Beschreibung und Rekonstruktion | 28 |
|  | 3.1.3 Stilistische Einordnung | 29 |
|  | Orthogonaler Schachbrettrapport – Äusserer Abschluss der schwarzen oder weissen Felder der beiden Schachbrettrapporte mit einer schwarz-weissen Steinreihe («punktierte Linie») |  |
| 3.2 | Mosaik II | 30 |
|  | 3.2.1 Technische Daten, Befund und Erhaltung | 30 |
|  | 3.2.2 Beschreibung und Rekonstruktion | 31 |
|  | 3.2.3 Stilistische Einordnung | 32 |
|  | Orthogonaler Schachbrettrapport – Schwarz auf weisses Litzenband – Äusserer Abschluss der schwarzen Felder der beiden Schachbrettrapporte mit einer schwarz-weissen Steinreihe («punktierte Linie») |  |
| 3.3 | Mosaik III, Pfaumosaik | 34 |
|  | 3.3.1 Technische Daten, Befund und Erhaltung | 34 |
|  | 3.3.2 Beschreibung | 36 |
|  | 3.3.3 Gesamtrekonstruktion | 38 |
|  | 3.3.4 Rekonstruktion der runden Bildfelder | 40 |
|  | 3.3.5 Rekonstruktion der Zwickelfüllungen | 40 |
|  | 3.3.6 Stilistische Einordnung | 41 |
|  | Quadratische Zentralkomposition mit neun Kreisen – Quadratische Zentralkomposition mit acht Kreisen – Pfau – Ornamentale Zwickelfüllungen – Peltenrahmen, einreihig – Zweistrangflechtband – Getreppte Dreiecke – Wellenband oder Laufender Hund – Polychromer Mäander auf schwarzem Grund – Breite Rahmung der Bildfelder |  |
| 3.4 | Mosaik IV, Quadrigamosaik | 51 |
|  | 3.4.1 Technische Daten, Befund und Erhaltung | 51 |
|  | 3.4.2 Beschreibung | 53 |
|  | 3.4.3 Rekonstruktion des Mittelbilds mit Darstellung eines Wagenrennens | 54 |
|  | 3.4.4 Stilistische Einordnung | 58 |
|  | Diagonallaufender Kreuzblütenrapport mit Füllmotiv – Quadrat mit eingeschriebenem Kreis – Wagenrennen und Circusdarstellungen auf Mosaiken – Ornamentale Zwickelfüllungen – Zweistrangflechtband |  |

# Inhalt

| | | | |
|---|---|---|---|
| 3.5 | Mosaik V | | 63 |
| | 3.5.1 | Technische Daten, Befund und Erhaltung | 63 |
| | 3.5.2 | Beschreibung und Rekonstruktion | 64 |
| | 3.5.3 | Stilistische Einordnung | 65 |
| | | Weiss auf schwarzes orthogonales Plattenmuster | |
| 3.6 | Mosaik VI, «wildes» Mosaik | | 66 |
| | 3.6.1 | Technische Daten, Befund und Erhaltung | 66 |
| | 3.6.2 | Beschreibung und Rekonstruktion | 67 |
| | 3.6.3 | Stilistische Einordnung | 67 |
| | | «Wildes» Mosaik | |
| 3.7 | Mosaik A, B beziehungsweise Fragmente von Mosaik III oder Mosaik IV | | 68 |
| | 3.7.1 | Technische Daten, Befund und Erhaltung | 68 |
| 3.8 | Mosaik beim Quellheiligtum? | | 69 |
| | 3.8.1 | Technische Daten, Befund und Erhaltung | 69 |
| 3.9 | Erhaltene Fragmente im Funddepot | | 69 |

## 4 Mosaik und Raum – architektonische und handwerkliche Aspekte — 70

| | | | |
|---|---|---|---|
| 4.1 | Interpretation der Befunde | | 71 |
| | 4.1.1 | Lage im Haus und Funktion der Räume | 71 |
| | 4.1.2 | Grösse und Fläche | 72 |
| | 4.1.3 | Die Beziehung des Musters zur Raumfunktion | 73 |
| | 4.1.4 | Anpassung an die Architektur des Raums | 73 |
| | 4.1.5 | Die Verkleidung der Wände | 74 |
| | 4.1.6 | Relative Chronologie der Mosaiken | 75 |
| 4.2 | Technologische Beobachtungen | | 76 |
| | 4.2.1 | Erhaltung und Reparaturen | 76 |
| | 4.2.2 | Bettung | 77 |
| | 4.2.3 | Metrische Beobachtungen | 78 |
| | 4.2.4 | Das Tesseramaterial | 80 |
| | 4.2.5 | Materialbestimmungen und Farbwahl | 82 |
| | 4.2.6 | Verbindungen mit Augusta Raurica | 85 |

## 5 Die Datierung – archäologische und kunsthistorische Indizien — 86

| | | | |
|---|---|---|---|
| 5.1 | Datierung aufgrund des Befunds und der stilistischen Vergleiche | | 87 |
| 5.2 | Kunstgeschichtliche Einordnung der Mosaiken | | 87 |
| | 5.2.1 | Aufbauschemata und Musterrepertoire | 88 |
| | | Flächenrapporte – Zentralkompositionen – Figürliche Füllmotive – Nicht figürliche Füllmotive – Rahmenmotive – «Wildes» Mosaik | |

## 6 Stilistische Ansätze – Die Stellung der Munzacher Mosaiken im überregionalen Kontext — 94

| | | |
|---|---|---|
| 6.1 | Verhältnis zu den italischen, gallischen und germanischen Werkstattkreisen | 96 |
| 6.2 | Die Mosaiken von Munzach und Augusta Raurica: gleiche Werkstatt? | 97 |
| 6.3 | Der Besitzer des Gutshofs im frühen 3. Jahrhundert n. Chr. | 98 |

## 7 Zusammenfassung — 102

Résumé — 104
Summary — 106

Bibliografie — 108
Abbildungsnachweis — 112

# Vorwort des Herausgebers

Munzach oder *Monzacha*, wie es in der ältesten Quelle heisst, lag gut einen Kilometer nordwestlich von Liestal. Der im 13. Jahrhundert zugunsten der aufstrebenden Stadt verlassene Ort war im Mittelalter nicht einfach irgendein Weiler. Er wird in frühesten Urkunden vielmehr als *vicus* und *placidum* bezeichnet: als Dorf mit Kirche und eigenem Versammlungsplatz, auf dem der Adel Gericht hielt. Doch seine Ursprünge gehen weiter zurück. Munzach war ursprünglich *Montiacum*, eines der grossen gallorömischen Landgüter im Umland der *Colonia Augusta Raurica*.

Darüber hinaus ist der Ort ein *haut-lieu* der frühen Baselbieter Archäologie. Die Grabungen Theodor Strübins, an denen in den 1950er-Jahren die gesamte Bevölkerung Anteil nahm, warfen ein Schlaglicht auf das Hinterland der Koloniestadt Augusta Raurica. Landwirtschaft und Viehzucht stellten in der Römerzeit den mit Abstand wichtigsten Wirtschaftszweig dar. Man geht davon aus, dass rund 80–90% der Bevölkerung in diesem Sektor tätig waren. So gesehen erstaunt die Bedeutung der grossen Gutshöfe wenig. Grundbesitz beziehungsweise dessen Nutzung, gestützt von einer hoch entwickelten Agrartheorie, bildete das Fundament des Reiches und war Quell für Reichtum und Macht. Die Machtverhältnisse waren klar: Die grossen Gutsherren gaben in den Städten den Ton an.

Der Grabungsbefund der römischen Villa Munzach präsentiert sich wie im Lehrbuch: ein grosses, rund fünf Hektar umfassendes Landgut mit Herrenhaus und ausgedehntem Wirtschaftstrakt, das Ganze prächtig in die Landschaft gebettet und in weiten Zügen archäologisch erfasst. Das Herrenhaus zeigt in seiner Blüte um 200 n. Chr. allen erdenklichen Luxus. Die zum Teil beheizten, mit Wandmalereien ausgestatteten oder mit Marmor verkleideten Vestibüle, Räume und Säle öffneten sich zu einer säulengeschmückten Portikus. Ein Brunnstock aus Carrara-Marmor und ein bronzener Wasserspeier – der berühmte Delfin von Munzach – evozieren mediterrane Bilder von lauschigen Plätzchen und kühlem Geplätscher. Zu den herausragenden Zeugnissen der vergangenen Pracht gehören nicht zuletzt die sechs nachgewiesenen und zum Teil ausserordentlich grossflächigen Mosaikböden.

Die frühe Entdeckung der Anlage ist leider auch ein Handicap. Die damalige Dokumentation genügt heutigen Standards in keiner Weise. Die damals behelfsmässig restaurierte Ruine fristet heute ein tristes Dasein. Doch es besteht Hoffnung: 2007 hat das Baselbieter Parlament ein umfassendes Sanierungskonzept für Burgen und Ruinen verabschiedet. In ein paar Jahren soll der römische Gutshof von Munzach im Gelände gesichert und gleichzeitig aufgewertet werden. Die Zeit bis dahin ist zu nutzen, um das rund 60 000 Objekte umfassende Fundmaterial endlich detailliert zu sichten, um so die Geschichte und Funktion der Anlage besser zu verstehen.

Den Anfang machen die Mosaiken. Es ist ein grosser Glücksfall, dass wir mit Debora Schmid, heute Leiterin Forschung in Augusta Raurica, eine ausgewiesene Kennerin der römischen Mosaiken der nahen Römerstadt gewinnen konnten, sich der Munzacher Böden anzunehmen. Eine spannende Frage blieb so stets im Fokus: Welche Verbindungen gibt es zwischen Stadt und Land? Gibt es Hinweise auf die Position der Gutsherrenfamilie in Augusta Raurica?

Ich danke der Autorin für ihre profunde Arbeit, die Munzach in ein neues Licht rückt. Tom Schneider ist es gelungen, die frühen Fotografien Theodor Strübins zu restaurieren, ohne sie dabei ihres historischen Flairs zu berauben. Michael Vock hat die aufwendigen Rekonstruktionen der Mosaikböden gezeichnet. Andreas Fischer erledigte das Korrektorat in gewohnt zuverlässiger Weise. Die Frey-Clavel-Stiftung und die Munzachgesellschaft Liestal haben die Produktion des Buches mit namhaften Beiträgen unterstützt. Die Berta Hess-Cohn Stiftung übernahm in grosszügiger Weise die Druckkosten. Ihnen allen gebührt ein herzliches Dankeschön!

Reto Marti, Kantonsarchäologe
im Juli 2016

# Vorwort der Autorin

Die im Gelände konservierten Reste des römischen Gutshofs von Munzach, der heute auf dem Gemeindegebiet von Liestal in der Nähe der Psychiatrischen Klinik liegt, sollen in absehbarer Zeit gesichert und neu präsentiert werden. Dazu gehört auch eine Visualisierung der Mosaikböden im Gelände. Die vorliegende Publikation liefert Grundlagen für dieses Vermittlungsprojekt. Zum einen rekonstruiert sie das ursprüngliche Aussehen der Mosaiken, zum anderen liefert sie die nötigen Hintergrundinformationen für die Interpretation der erhaltenen Gebäudereste und ihrer Böden.

Die Arbeit, die auf einen Auftrag der Archäologie Baselland vom November 2008 zurückgeht, setzt folgende Schwerpunkte: Neben detaillierten Informationen zur Überlieferung und zum Befund der Mosaiken werden Überlegungen zur Rekonstruktion derselben angestellt sowie die Datierung der Mosaiken, ihre kunstgeschichtliche Einordnung und kulturhistorische Bedeutung behandelt. Der Vergleich der Munzacher Mosaiken mit denjenigen aus Augusta Raurica und Fragen zum möglichen Besitzer des Gutshofs und damit zum Auftraggeber der Mosaiken runden die vorliegende Betrachtung ab.

Folgende Personen haben mir bei der Bereitstellung der Dokumentation und der Funde sehr geholfen, ihnen allen sei an dieser Stelle ganz herzlich gedankt: Barbara REBMANN (Zusammen- und Bereitstellen der gewünschten digitalisierten Dias und der Grabungsdokumentation, Hinweise zu Personen), Claudia SPIESS (digitale Planunterlagen), Pit SCHMID, Andreas FISCHER, Sandra BILLERBECK und Sabine BUGMANN (Bereitstellen und Fotografieren der Fragmente und Betreuung im Funddepot), Anita SPRINGER (unveröffentlichter Bericht zu Munzach), Rudolf KÄNEL (Abbildungsvorlagen), Mirjam JENNY und Tamara PFAMMATTER (Lektorat), Michael VOCK (Rekonstruktionszeichnungen der Mosaiken) und Tom SCHNEIDER (digitale Bildbearbeitung der Dias).

Folgenden Institutionen danken wir für die Publikationserlaubnis verschiedener Abbildungen: den Kantonsarchäologien Aargau, Fribourg und Zürich, dem Musée Romain d'Avenches, dem Historischen Museum Basel, dem Bernischen Historischen Museum, dem Atelier Bunterhund in Zürich, der Stiftsbibliothek St. Gallen, der Öffentlichen Kunstsammlung Basel, dem Dominikanermuseum Rottweil und dem Römischen Museum Augsburg. Ein ganz besonderer Dank geht einerseits an die Munzachgesellschaft Liestal für die finanzielle Unterstützung der Arbeiten an den Rekonstruktionszeichnungen und andererseits vor allem an Reto MARTI, dank dessen Initiative dieses Projekt überhaupt zustande gekommen ist, das nun in Buchform vorliegt.

Debora Schmid
im April 2016

# 1 Einleitung

**1**
Zur Zeit der Ausgrabungen war Munzach in Liestal in aller Munde. Wie sehr sich die Bevölkerung mit ihrer «Römervilla» identifizierte, zeigt diese Hochzeitszene in der Portikus des Herrenhauses auf eindrückliche Weise.

Im Jahre 1950 entdeckte Theodor STRÜBIN, Liestaler Lehrer und Altertumsforscher im Nebenamt, den römischen Gutshof von Munzach. STRÜBIN nahm die archäologische Untersuchung sogleich in Angriff; ein paar Jahre später war das Herrenhaus mit seinen Mosaikböden bereits komplett freigelegt. Die Dokumentation besteht im Wesentlichen aus Grabungsplänen und über Tausend zumeist farbigen Diapositiven. Die Fotos ergänzen die leider sehr knappen schriftlichen Aufzeichnungen und sind die wichtigste Quelle für die heutige Beurteilung des archäologischen Befunds.

# Die Entdeckung der Munzacher Mosaiken

Die *villa rustica* von Munzach bei Liestal wurde 1950 von Theodor Strübin durch Zufall entdeckt, als die gleichnamige Quelle neu gefasst wurde. Bei Grabarbeiten im Umfeld der Quelle kamen neben Überresten der Sankt Laurentiuskirche auch die Fundamente eines römischen Gebäudes, wohl einer Badeanlage, zum Vorschein.[1] Strübin ahnte, dass sich in nächster Umgebung ein dazugehöriger Gutshof befinden musste. Er liess seine Schulkinder deshalb die umliegenden Äcker prospektieren, indem er sie unter jeden «rötlichen Stein» einen Fetzen Zeitungspapier legen hiess. Anhand der Konzentrationen der weissen Papierschnipsel beziehungsweise der so gekennzeichneten römischen Ziegelstücke wurde von der benachbarten Anhöhe des Hasenbühls aus der Grundriss des Hauptgebäudes im Gelände erkennbar – eine für die damalige Zeit äusserst innovative Prospektionsmethode![2]

Als offizieller Grabungsleiter des Kantons Baselland-Landschaft im Nebenamt legte Strübin in den Jahren 1952 und 1954–1955 unter grosser Anteilnahme der Bevölkerung (Abb. 1) wichtige Teile der *pars urbana* frei. Unterstützt wurde er dabei von den sogenannten «Munzachbuben», interessierten Schülern – und Schülerinnen –, die unter seiner Anleitung tatkräftig mithalfen (Abb. 2; 3).

In dieser Zeit wurden die Mosaiken I bis V aufgedeckt. Bis 1970 folgten weitere Grabungen, die das Bild des Gutshofs ergänzten, aber keine zusätzlichen Mosaiken zutage brachten. Mosaik VI wurde 1974 gefunden. Weitere Untersuchungen fanden 1994, 2007 und 2011 im Bereich des Wirtschaftsteils der Villa, der *pars rustica*, statt (Abb. 12; vgl. Abb. 16).

Seit den 1950er-Jahren ist ein Teil der Ruine im Gelände konserviert, und die besser erhaltenen Mosaiken I, II und V waren nach der Freilegung *in situ* geblieben. 1994/1995 wurden die Reste von Mosaik I gehoben und ins Funddepot der Archäologie Baselland gebracht. Die Mosaiken II und V sind bis heute vor Ort geblieben und ebenfalls seit den 1990er-Jahren mit einer Schutzschicht bedeckt (Abb. 11).[3] Die erhaltenen Fragmente der stark zerstört aufgefundenen Mosaiken III und IV hat man während der Ausgrabung geborgen, vom antiken Untergrund gelöst und mit Gips oder Beton neu gefestigt (Abb. 7–9). Mosaik III wurde direkt im Anschluss an die Grabung restauriert und sehr grossflächig ergänzt mit der Absicht, es wieder vollständig rekonstruiert *in situ* in einem Schutzbau zu präsentieren. Dazu ist es aber nie gekommen.[4] Heute ist nur noch ein kleiner Teil dieser Platten im Funddepot der Archäologie Baselland erhalten, wie eine Bestandsaufnahme im Sommer 2010 vor Ort ergab. Viele der losen *tesserae* dürften sich unter den einzelnen Steinen der restlichen Mosaiken befinden oder sind seit damals verloren gegangen.

Aktuell sind im Gelände nur noch wenige Überreste der einst imposanten Anlage zu erkennen: einige überwiegend restaurierte Mauerpartien des Hauptgebäudes mit der rekonstruierten Sandsteintreppe der Portikus, in der Mosaik V verlegt war.[5]

Die Mosaiken von Munzach wurden kurz nach ihrer Entdeckung in den 1950er-Jahren von Theodor Strübin, Rudolf Laur-Belart und Rudolf Moosbrugger in verschiedenen Vorberichten besprochen und 1961 von Victorine von

**2**
Der Liestaler Lehrer Theodor Strübin begeisterte für seine Grabungen viele interessierte Schüler, die sogenannten «Munzachbuben», die kräftig mit anpackten.

**3**
Hin und wieder waren auch «Munzachmädchen» im Einsatz.

---

1. Laur-Belart 1951, 123; Strübin/Laur-Belart 1953, 2. – Zur St. Laurentiuskirche vgl. auch Marti 2000, A 179 f., Abb. 103.
2. Rebmann 2000, 16 f.; Ewald 2001, 104 f.
3. Freundlicher Hinweis Andreas Fischer, Archäologie Baselland.
4. Strübin/Laur-Belart 1953, 11.
5. Ideen zur Aufwertung und Konservierung der Ruine im Gelände von Munzach in einem internen Bericht von Anita Springer; vgl. Springer 2006.

GONZENBACH in ihrer Monografie über die römischen Mosaiken der Schweiz vorgelegt. 1985 ging Marcel JOOS speziell auf technologische Aspekte wie Bettung und Gesteinsmaterial der Mosaiken ein und 2007/2014 behandelte Sophie DELBARRE-BÄRTSCHI den Mosaikkomplex von Munzach im Rahmen ihrer Dissertation über eine Neuvorlage der römischen Mosaiken in der Schweiz.[6]

## 1.1 Theodor Strübin, der Entdecker und Ausgräber von Munzach

Theodor STRÜBIN (1908–1988) stammte aus Liestal und war als Lehrer, Berufsberater, Bergsteiger, Autor zahlreicher Gedichte sowie Altertums- und Heimatforscher tätig (Abb. 4–6). Daneben war er aber auch ein begeisterter und leidenschaftlicher Fotograf und setzte als einer der ersten bereits seit den späten 1930er-Jahren Farbdiafilme ein. Diese Lichtbilder benutzte er für seinen Schulunterricht, in erster Linie jedoch für seine unzähligen Vorträge. Nach seinem Tod überliess er seine gesamten Aufzeichnungen, Notizen und Bilder als sogenanntes «Strübin-Archiv» Archäologie und Museum Baselland. Neben den zahlreichen Fotos von seinen archäologischen Ausgrabungen umfasst seine Bildersammlung auch viele Aspekte des Lebens, des Brauchtums und des Handwerks in seiner Heimat. Er dokumentierte Menschen bei ihrer Arbeit, aber auch Landschaften. STRÜBIN hat in den 1940er- und 1950er-Jahren, in einer Zeit vor dem Autobahnbau, der Zersiedelung der Landschaft und dem Entstehen der grossen Industrieanlagen, das gesamte Kantonsgebiet «abfoto-

↖ 4
Theodor Strübin bei der Freilegung von Mosaik IV mit der Quadriga.

↖ 5
Der Grabungsleiter (unter dem schwarzen Tuch) beim Fotografieren auf der Grabung. Die über Tausend Farbdias sind für die Auswertung der Mosaiken von Munzach ein wertvoller Informationsschatz!

› 6
Der Name verpflichtet: Theodor Strübin mit der 1477 bei Nancy vom Liestaler Heinrich Strübin erbeuteten «Burgunderschale», aufgenommen am Strübin-Tag, dem 11. Oktober 1953.

6   LAUR-BELART 1951; LAUR-BELART/MOOSBRUGGER 1953; STRÜBIN/LAUR-BELART 1953; LAUR-BELART/MOOSBRUGGER 1954/1955; VON GONZENBACH 1961, 142–149; JOOS 1985; DELBARRE-BÄRTSCHI 2007 bzw. DELBARRE-BÄRTSCHI 2014b.

grafiert»; ein für die historische Forschung unerschöpflicher Fundus an Bilddokumenten, der die Veränderungen und die Entwicklung des Kantons Basel-Landschaft vom Zweiten Weltkrieg bis weit in die 1980er-Jahre aufzeigt.[7]

## 1.2 Dokumentation und Vorgehen

Die Grabungsdokumentation der 1950er-Jahre in Munzach umfasst nur sehr spärliche schriftliche Aufzeichnungen, die für die Bearbeitung der Mosaiken entsprechend wenig aussagekräftig sind. Der damaligen Grabungspraxis folgend standen vor allem Mauern und Gebäudegrundrisse und weniger Schichtverhältnisse und stratigrafische Zusammenhänge oder Gehniveaus und absolute Höhen im Vordergrund. Dies schränkt eine Zuweisung der Funde zu ihren jeweiligen Schichten und Fundkomplexen stark ein.[8]

Im Gegensatz zur rudimentären schriftlichen Dokumentation liegt ein guter zeitgenössischer Gesamtplan vor, der im Grossen und Ganzen noch heutigen Standards genügt. Die knappe schriftliche Dokumentation steht im Gegensatz zu den bereits erwähnten, über Tausend meist sehr instruktiven Farbdias von Theodor STRÜBIN (Abb. 4; 5). Die Angaben zum Befund und die Rekonstruktionen der Mosaiken basieren deshalb weitgehend auf der Analyse und Auswertung dieser heute in digitaler Form vorliegenden Bilder.

Für die Bearbeitung der Mosaiken wurden im Archiv der Archäologie Baselland zuerst die schriftlichen Aufzeichnungen der betroffenen Grabungen auf Hinweise zu den Mosaiken durchgearbeitet. In einem zweiten Schritt wurden die entsprechenden Aufnahmen aus der umfangreichen Diasammlung herausgesucht. Die Auswertung dieser Fotografien erwies sich als äusserst ergiebig und nahm deshalb viel Zeit in Anspruch. Danach folgte die Konsultation der publizierten Grabungsberichte, der Literatur zu Munzach und der einschlägigen Literatur.

Die Untersuchung der erhaltenen Originale im Funddepot der Archäologie Baselland 2010 war leider enttäuschend, weil einerseits nur ein Teil des ursprünglich erhaltenen Bestands an die erst 1968 gegründete Fachstelle gelangte und andererseits die Restaurierungen der 1950er-Jahre sehr einschneidend sind. Ihr Stil ist stark vom Charakter der 1950er-Jahre geprägt, was den Ausdruck der Muster dominiert. Für die vorliegende Arbeit lieferten diese «Originale» deshalb kaum brauchbare Erkenntnisse.

Die Nummerierung und Bezeichnung der Mosaiken und Räume des Gutshofs orientiert sich am Grabungsplan aus den 1950er-Jahren und wurde in der vorliegenden Arbeit beibehalten (vgl. Abb. 12; 16).[9]

**7 ⌃**
Die Bergung der Mosaiken auf der Grabung: Von den figürlichen Mosaiken wurden alle erhaltenen Fragmente während der Grabung gehoben und gefestigt. Als Vorbereitung für die Bergung klebte man die einzelnen Teile mit einem Stück Stoff ab …

**8 ⌃**
… danach wurde das Fragment vom antiken Untergrund gelöst und umgedreht. Die Reste der antiken Bettung und der Mosaikkitt wurden mit dem Skalpell aus den Fugen entfernt …

**9 ⌃**
… anschliessend wurde die freigelegte Unterseite des Mosaiks mit Gips oder Beton neu gefestigt.

---

7   Zahlreiche Hinweise zu Theodor STRÜBIN verdanke ich Barbara REBMANN, ehemals Archäologie Baselland; vgl. auch REBMANN 1998; REBMANN 2000; REBMANN 2003.
8   Vgl. auch MARTI 2000, B 168 f.
9   Plan 40.223.13 und LAUR-BELART/MOOSBRUGGER 1954/1955.

# 2 Der Gutshof

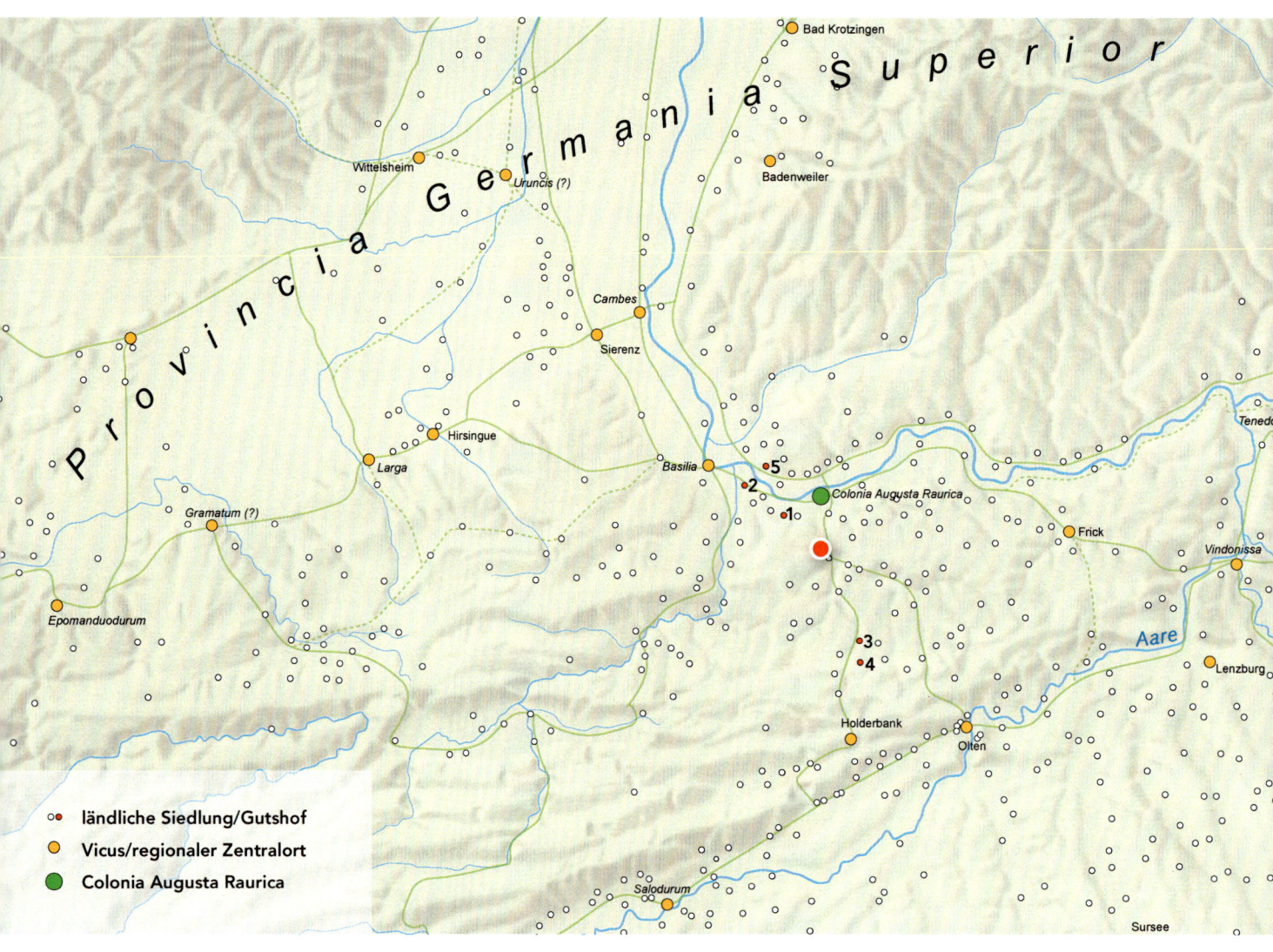

10
Karte der römischen Siedlungen und wichtigsten Verkehrswege im Umland von Augusta Raurica. Die Koloniestadt bildete das Zentrum der Landschaft. Munzach liegt ziemlich stadtnah in nur 5 Kilometern Entfernung. Die im Text erwähnten Gutshöfe:

● Munzach
1 Pratteln-Kästeli
2 Muttenz
3 Hölstein
4 Bennwil
5 Grenzach (Kr. Lörrach)

Der grosse Gutshof mit dem antiken Namen *Montiacum* lag nur eine Wegstunde von der römischen Koloniestadt Augusta Raurica entfernt. Seine Lage leicht erhöht am Ausgang eines Seitentals ist typisch für derartige Siedlungen. Archäologisch untersucht ist vor allem das winkelförmig angelegte Herrenhaus mit vorgelagerter Portikus, die *pars urbana*. Der ummauerte Wirtschaftstrakt, die weitläufige *pars rustica* mit all ihren Nebengebäuden, ist zumindest in den Dimensionen erfasst. Ein Quellheiligtum mit Bad oberhalb der Anlage bildete die Basis für die spätere Sankt Laurentiuskirche. Die stattlichen Dimensionen, die reiche Ausstattung und nicht zuletzt die grossflächigen Mosaikböden zeugen vom Luxus, der den im frühen 1. Jahrhundert gegründeten Gutshof in der Zeit seiner grössten Blüte auszeichnete.

# Luxus und Landwirtschaft

## 2.1 Das Umland

Das Umland von Augusta Raurica erstreckte sich in römischer Zeit auf das Gebiet des südlichen Oberrheins sowie des westlichen Hochrheins und somit auf die heutige Nordwestschweiz, Südbaden und das Oberelsass. Geografisch wird dieser Raum durch den Rhein und die von Süden und Norden zufliessenden Gewässer gegliedert und im Süden vom Jura begrenzt. Vom 1. Jahrhundert n. Chr. bis ins Frühmittelalter war Augusta Raurica als Zentrum dieser Siedlungslandschaft kultureller und wirtschaftlicher Mittelpunkt. Im Hinterland der römischen Koloniestadt befanden sich in einem Umkreis von etwa 20 Kilometern gegen hundert Gutshöfe, die immer etwa 2–3 Kilometer vom nächsten entfernt lagen. In der direkten Umgebung der Stadt war die Dichte der ländlichen Besiedlung besonders hoch und bildete einen stadtnahen Gürtel, wie die Zahl der Siedlungsstellen im heutigen Gemeindegebiet von Pratteln und Muttenz (Kt. Basel-Landschaft) zeigt. Hier war die Distanz zwischen den Landgütern kleiner und betrug nur etwa 1,2 Kilometer (Abb. 10).[1] Die Gutshöfe produzierten in erster Linie landwirtschaftliche Produkte, die sie – abzüglich des Eigengebrauchs – in der Stadt gegen andere Waren tauschten und damit die Versorgung mit agrarischen und handwerklichen Produkten für einen Grossteil der städtischen Bevölkerung sicherstellten. Leider wissen wir von den wenigsten Gutshöfen im Umland von Augusta Raurica, was genau angebaut, gezüchtet oder hergestellt wurde, denn es fehlen moderne archäobiologische Untersuchungen und damit konkrete Hinweise auf die erzeugten Produkte. Dies gilt auch für Munzach.

11
Der Gutshof von Munzach. Zu sehen ist der in den 1950er-Jahren freigelegte und danach konservierte Teil der *pars urbana*. Im Korridor rechts der Bildmitte das stark ergänzte Mosaik V in Fundlage (Luftbild von 1998).

## 2.2 Lage, Name und Bewohnerschaft des Gutshofs

Die *villa rustica* von Munzach liegt mit fünf Kilometern Entfernung ebenfalls recht nahe bei Augusta Raurica. Dies entspricht einer Distanz von etwa einer Wegstunde. Die Ansiedlung befindet sich nahe der Strasse über den Oberen Hauenstein Richtung Aventicum und nicht unweit der Ergolz am Ausgang des Röserntals. Die *pars urbana*, das Herrenhaus, liegt leicht erhöht am Fuss des Munzacherbergs. In römischer Zeit durchfloss zudem der Rösernbach das ganze Gutshofareal in ziemlich gerader Linie von Westen nach Osten, wo er die Anlage durch ein Wassertor in der östlichen Umfassungsmauer verliess (Abb. 12).[2] Die Nähe und Nutzung von fliessendem Wasser ist für viele Gutshöfe belegt, ebenso die etwas exponierte und leicht erhöhte Lage.[3]

Der Name Munzach geht auf ein gallorömisches *Montiacum* zurück, mit dem das Hofgut eines *Montius* bezeichnet wurde.[4] Der Ort überdauerte die Antike und taucht in Quellen des Klosters Sankt Gallen im 8. und 9. Jahrhundert als *Monzacha* beziehungsweise *Munciacum* auf. Im Laufe des 13. Jahrhunderts wurde das Dorf auf-

---

1 Zum Umland von Augusta Raurica vgl. Hecht 1997a, 223–225; Hecht 1997b; Hecht 1998; Schmid 2008a, 201, Abb. 124; Marti 2010, 88 f.; Tännler 2011, 52 f.
2 Marti 2000, A 276; Marti 2009, 235 f., Abb. 22.
3 Strübin/Laur-Belart 1953, 3; Hecht 1997b, 42 f.; Hecht/Tauber 1998, 438.
4 Strübin/Laur-Belart 1953, 1; Ramseier 2003, Nr. 125 (Munzach).

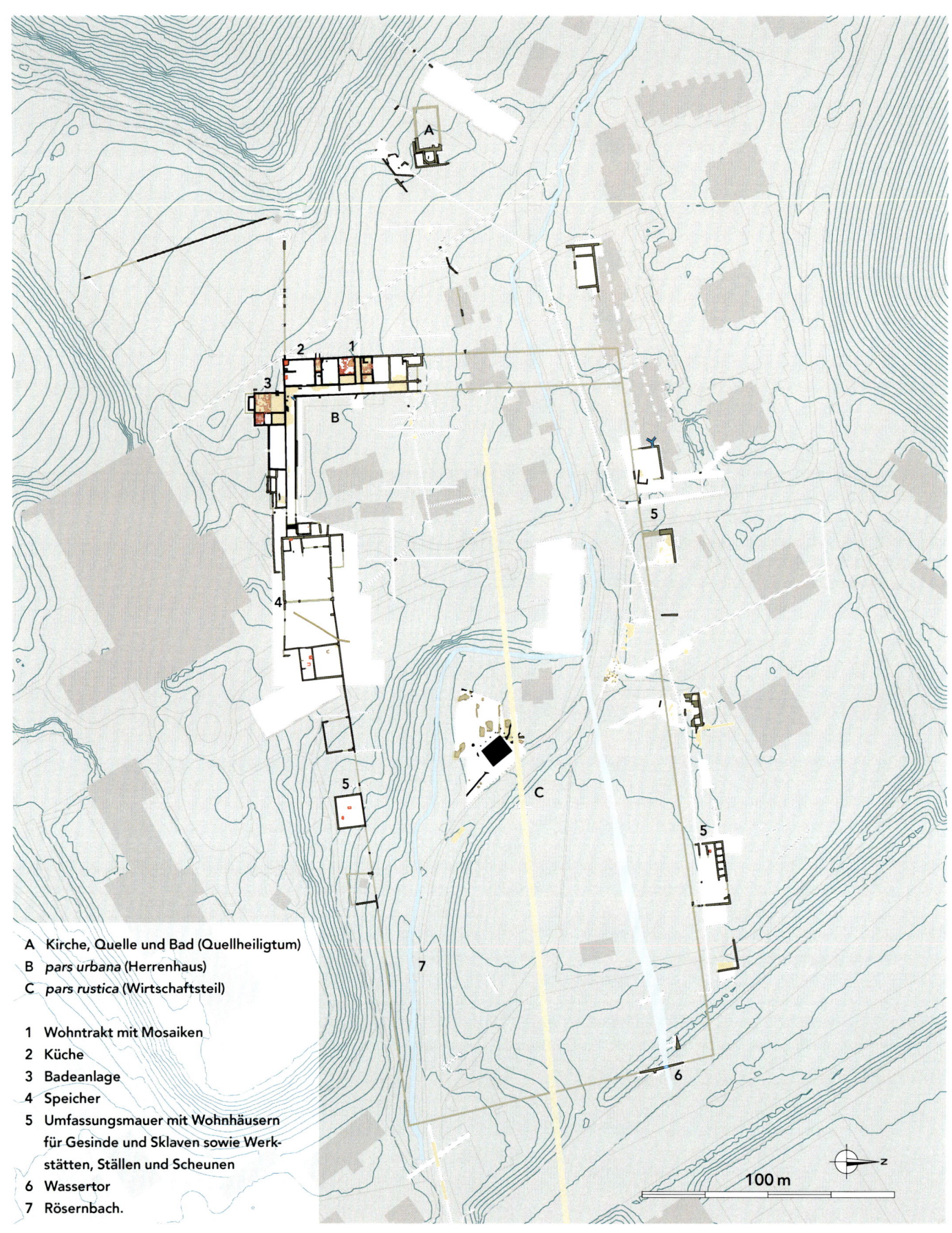

A Kirche, Quelle und Bad (Quellheiligtum)
B *pars urbana* (Herrenhaus)
C *pars rustica* (Wirtschaftsteil)

1 Wohntrakt mit Mosaiken
2 Küche
3 Badeanlage
4 Speicher
5 Umfassungsmauer mit Wohnhäusern für Gesinde und Sklaven sowie Werkstätten, Ställen und Scheunen
6 Wassertor
7 Rösernbach.

gelassen, wohl zugunsten des Ortes Liestal, den die Grafen von Frohburg um 1250 zur Stadt erhoben hatten. Nur die Pfarrkirche Sankt Laurentius blieb bis in die Mitte des 18. Jahrhunderts bestehen.[5]

Zwei epigrafische Zeugnisse nennen uns Namen von Bewohnern. Vom Grab der 16-jährigen Freigelassenen *Prima* und ihrer kleinen Schwester *Araurica* stammt eine Grabinschrift, die von *Caius Coteius* gestiftet wurde (Abb. 17).[6] Eine weitere Grabinschrift nennt den Römer *Caius Indutius Sallustianus* mit seiner Gattin *Victorinia*. Sie dürften alle in Munzach gelebt haben; einer der beiden auf den Grabsteinen genannten Männer, *Caius Coteius* oder *Caius Indutius Sallustianus*, war vielleicht Gutshofbesitzer zur Zeit der Entstehung der Mosaiken (Kap. 6.3). Beide Grabsteine waren in der nachantiken Sankt Laurentiuskirche bei der Quelle von Munzach als Spolien sekundär verbaut.[7] Der zur römischen Siedlung gehörende Friedhof ist bis heute nicht entdeckt.[8]

## 2.3 Die Konzeption der Anlage

Da die Befunde des Gutshofs bisher noch nicht ausgewertet sind, lassen sich Anlage, Bauabfolge und absolute Chronologie nur vage umreissen.[9] Bekannt sind bis heute vor allem Teile der *pars urbana*, des Herrenhauses, mit Wohn-, Schlaf- und Repräsentationsräumen sowie Küche, Badeanlage und Hof mit Garten. Vom Wirtschaftsteil, der *pars rustica*, kennt man erst eine Reihe von Nebengebäuden (Abb. 13–15; vgl. Abb. 12; 16).

Die gesamte Anlage ist langrechteckig und Ost-West ausgerichtet, wobei der erhaltene Teil des Hauptgebäudes etwas von der generellen Achse abweicht (Abb. 12). Das ganze Areal war wohl durch eine Umfassungsmauer geschützt. Ungefähr auf der Längsachse der Anlage war eine zentrale Zufahrtstrasse angelegt,[10] die im Osten einen Zugang vermuten lässt und im Westen, nördlich des Hauptgebäudes, wohl bis zum Quellheiligtum verlief.[11]

Der südliche Flügelbau und das Hauptgebäude, die zusammen im rechten Winkel L-förmig einen Hof einfassten, waren über eine durchgehende Portikus miteinander verbunden. Trotz dieser Verbindung waren die beiden Portiken A und Z mit zwei verschiedenen schwarz-weissen Mosaiken ausgestattet, die beide mit ihrer beeindruckenden und aussergewöhnlichen Länge die Grösse des Gartens und der

**13 ⇑**
Übersichtsaufnahmen während der Grabungen in den 1950er-Jahren im Herrenhaus: Küche mit Blick nach Westen ...

**14 ⇑**
... und die Badeanlage mit angrenzender Portikus, Blick nach Westen.

**15 ⇑**
Detail der Badeanlage. Blick nach Süden.

**12 ‹**
Gesamtplan des römischen Gutshofs von Munzach mit allen Grabungen von 1950 bis heute. Die heute sichtbaren Teile sind schwarz hervorgehoben. M 1:2000.

---

5  MARTI 2000, A 179 f. 276–278.
6  CIL XIII, 5312; HOWALD/MEYER 1941, Nr. 362; WALSER 1980, 228; HECHT 1998, 66, Abb. 3. Prima C(ai) Cotei lib(erta) ann(orum) XVI et soror illaeus Araurica annic(ula) et mens(es) VI h(ic) s(itae) s(unt) patronus po(suit). Prima, Freigelassene des Caius Coteius, 16 Jahre alt, und ihre Schwester Araurica, 1 Jahr und 6 Monate alt, liegen hier begraben. Ihr Schutzherr hat (den Stein) gesetzt. Nach Regula FREI-STOLBA könnte Coteius als romanisierter Kelte verstanden werden; FREI-STOLBA 1976, 11. – CIL XIII, 5311; HOWALD/MEYER 1941, Nr. 358; WALSER 1980, 294. D(is) M(anibus) C. Induti Sa[l]lustiani C[l(audia)] Victorini[a] coniunx. Den Manen des Gaius Indutius Sallustianus Claudia Victorinia, seine Gattin. Die Inschrift ist nicht erhalten. Freundliche Hinweise von Regula FREI-STOLBA, Baden und Pia KAMBER, Basel.
7  STRÜBIN/LAUR-BELART 1953, 1.
8  Eine in den Mauerschutt von Raum S des Hauptgebäudes eingetiefte beigabenlose Erdbestattung stammt aus nachrömischer Zeit; MARTI 2000, B 169, Taf. 187.
9  Zum Befund allg. vgl. STRÜBIN/LAUR-BELART 1953; LAUR-BELART/MOOSBRUGGER 1953; LAUR-BELART/MOOSBRUGGER 1954/1955; VON GONZENBACH 1961, 149; HECHT 1997b; HECHT/TAUBER 1998, 447–454; EWALD 2001, 112; AMMANN 2002.
10 VON WARTBURG 2012, 40 f.
11 MARTI 2000, A 179. 277.

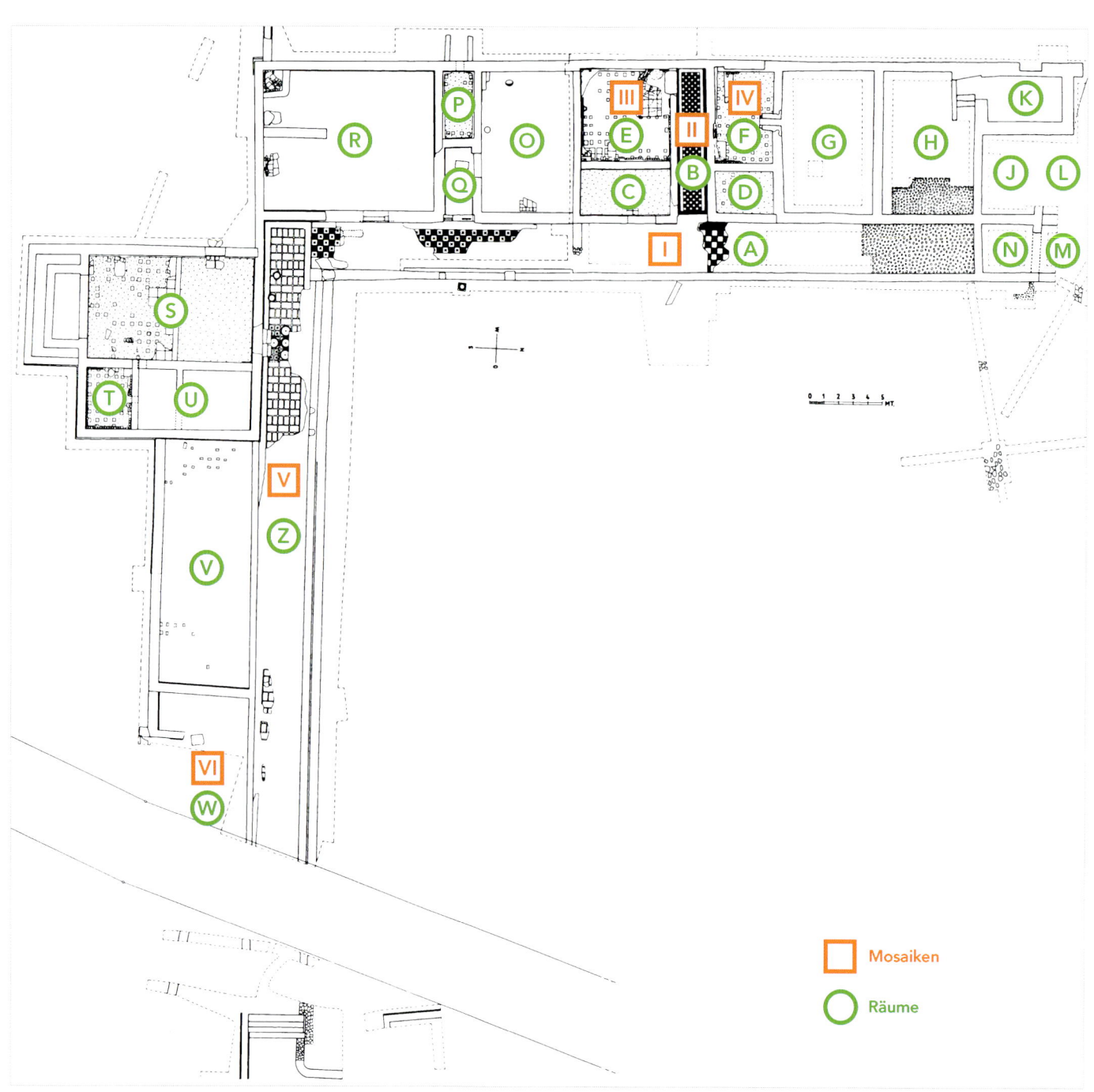

**16**
Originalplan des bis 1954 freigelegten Teils des Hauptgebäudes, der *pars urbana*, mit Lage und Nummerierung der Mosaiken I bis VI und der Räume A bis Z. M 1:400.

Gesamtanlage betonten.[12] Die südliche Portikus Z endete im Osten mit einer Treppe, die über mindestens vier Stufen nach unten zu Gebäuden an der Umfassungsmauer führte, die wohl bereits zur *pars rustica* zu rechnen sind.[13]

Obwohl von der Bebauung der *pars urbana* nur die L-förmige Südwestecke bekannt ist, dürfte es sich um eine Anlage mit hofseitigen Portiken handeln, deren Hauptgebäude sich in nord-südlicher Richtung erstreckte und am südlichen Ende einen nach Osten angefügten Flügelanbau aufwies. Denkbar, aufgrund der bereits

12 STRÜBIN/LAUR-BELART 1953, 4.
13 LAUR-BELART/MOOSBRUGGER 1954/1955, 115.

**17**
Grabstein der 16-jährigen Freigelassenen Prima und ihrer kleinen, erst 1½-jährigen Schwester Araurica, der von ihrem Schutzherrn Caius Coteius gestiftet wurde. Alle drei Personen lebten wohl im Gutshof von Munzach.
Masse 64 × 52 × 10 cm.

beträchtlichen Dimensionen jedoch keineswegs zwingend, wäre eine symmetrische Ergänzung des Hauptgebäudes im Norden mit einem spiegelverkehrten Pendant, die den repräsentativen Charakter der *pars urbana* unterstreichen würde. Entsprechende Sondierungen auf der Nord- und der Ostseite des Hauptgebäudes blieben jedoch erfolglos. Sollten im Norden tatsächlich weitere Gebäudeteile vorhanden gewesen sein, so wären diese durch den nach Süden ausgebrochenen Rösernbach vollständig zerstört worden.[14] Die Ausgestaltung der nördlichen Fortsetzung beziehungsweise der architektonische Abschluss des Hauptgebäudes bleiben deshalb unbekannt.[15] Denkbar ist, dass die nördliche Grenze der *pars urbana* durch den Bachverlauf gebildet wurde und das freie Areal nördlich des Bachs bis zur Umfassungsmauer mit den Wirtschaftsbauten entlang der Mauer bereits zur *pars rustica* gehörte (vgl. Abb. 22).

Die *pars rustica* ist weit weniger gut bekannt: Entlang der beiden nach Osten ausgreifenden Umfassungsmauern reihten sich auf der Aussenseite wohl Gesindehäuser, Scheunen, Ställe, Werkstätten und andere Wirtschaftsbauten; an der südlichen Umfassungsmauer fanden sich die Fundamente und Pfeilerstützen von riesigen Lagerhallen, darunter eine mit Bodenmulden zum Aufstellen kugeliger Ölamphoren.[16] Hier wohnte vielleicht der ranghöchste Abhängige des Gutshofbesitzers, der Vorsteher des Landgutes, mit seiner Familie.[17] Auch wenn die Bebauung der *pars rustica* weit weniger genau fassbar ist als diejenige der *pars urbana*, fallen die im Vergleich

---

14  Laur-Belart/Moosbrugger 1954/1955, 115; Marti 2000, A 276.
15  Dass das Gebäude die gesamte Breite der Anlage von ca. 130–150 m bis zur nördlichen Umfassungsmauer eingenommen hätte (Hecht/Tauber 1998, 451), erscheint im Vergleich zu Anlagen ähnlicher Gesamtgrösse unwahrscheinlich.
16  Ewald 2001, 112.
17  Hecht 1997b, 47; Hecht 1998, 65 f.

**18**
Brunnenstock aus Carrara-Marmor mit früchtetragenden Efeuranken. Höhe 50 Zentimeter.

zu den Gebäuden der *pars urbana* anders orientierten Baufluchten sowohl entlang der südlichen als auch der nördlichen Umfassungsmauer auf.[18] Zudem ist bemerkenswert, dass die Wirtschaftsbauten alle an die Aussenseite der Umfassung gebaut sind; ein Befund, der unter den Gutshöfen im Raurikergebiet selten anzutreffen ist. Aus dem Helvetiergebiet ist einzig der Gutshof von Yvonand (Kt. Waadt) mit teilweise auf der Flucht der Hofmauer liegenden und teilweise aussen angebauten Ökonomiegebäuden vergleichbar.[19]

### 2.3.1 Das Hauptgebäude der *pars urbana* mit den Mosaiken

Das Hauptgebäude war mit heizbaren Räumen, Mosaiken, Wandmalereien, Marmor- und Kalksteinwandverkleidungen und einem Bad reich ausgestattet (Abb. 16). Die in der Mitte des erhaltenen Komplexes liegenden Räume C–F lassen sich als Wohn- und Repräsentationsräume ansprechen, die über den Gang oder Korridor B erschlossen waren. Die heizbaren Räume E und F waren mit den Mosaiken III und IV ausgestattet, der Korridor B mit Mosaik II belegt und Raum C mit einem Mörtelboden. Teilweise waren die Wände zudem mit farbigem Marmor verkleidet und bemalt.

Dieser Gebäudeteil wurde von einer Reihe von Wirtschaftsräumen eingefasst: im Süden Raum O mit Mörtelboden und Herdstelle, ein kleiner, heizbarer Raum P, ein weiterer Gang Q und eine Küche R mit Herdstelle, Backofen und einem Tischblock aus Jurakalkstein. Dieser Komplex ist offenbar jünger als der restliche Teil des Hauptgebäudes und war durch eine Baufuge klar abgetrennt.[20] Den Räumen R–H war im Osten gegen den Hof die langgestreckte Portikus A mit Mosaik I und monolithischen Säulen aus weissem Muschelkalk vorgelagert. Im Norden reihten sich weitere Wirtschaftsräume an die Wohngemächer an. Raum H wies ein rohes Kalksteinpflaster auf, was auf eine Wagenremise hindeutet. Das Pflaster ist auch am Nordende der Portikus A nachgewiesen und weist auf eine Einfahrt zu Raum H hin. Von der Remise H führte eine Sandsteintreppe im Winkel in den Keller K. Die Räume im Nordbereich des Hauptgebäudes lagen rund einen Meter tiefer als die südlich anschliessenden Gemächer; es ist zu vermuten, dass der Pflasterbelag in Raum H und in der Portikus A älter ist als das Mosaik.

Im Südosten folgte ein Flügelanbau mit einer Badeanlage, zu der folgende Räume gehörten: der grosse, zur Hälfte heizbare Raum S, ein kleinerer, ebenfalls erwärmbarer Raum T, der nicht hypokaustierte Raum U und der 17 Meter lange, heizbare Saal V, an den sich Raum W mit Mosaik VI anschloss. Vorgelagert war die Portikus Z, die mit Mosaik V ausgestattet war. Von hier aus war der Badetrakt über eine Stufe betretbar. Möglicherweise war auch in der Badeanlage ein Mosaik verlegt (Kap. 3.7).[21]

### 2.3.2 Der Hof mit Gartenanlage

Obwohl über die Gestaltung des sicher an zwei, vielleicht aber auch an drei oder sogar vier Seiten von Portiken eingefassten Hofs keine Hinweise vorliegen, bezeugen zwei Brunnenstöcke (vgl. Abb. 18; 19), dass zur Dekoration der offenen Fläche Zierbrunnen gehörten, ähnlich den mit Wasserbecken oder Lauf- und Springbrunnen geschmückten Anlagen von Orbe (Kt. Waadt), Pully (Kt. Waadt), Buchs (Kt.

---

18  Marti 2000, A 276 f.
19  Drack/Fellmann 1988, 565–567, Abb. 523 f.; Flutsch et al. 2002, 145, Abb. 143.
20  Laur-Belart/Moosbrugger 1954/1955, 114.
21  Laur-Belart/Moosbrugger 1954/1955, 114; Hecht/Tauber 1998, 452.

Zürich) und Dietikon (Kt. Zürich).[22] Ein Wasserspiel stand vielleicht direkt vor dem Hauptgebäude in der *pars urbana* des Gutshofs von Pratteln-Kästeli (Kt. Basel-Landschaft), wie ein Ensemble aus Brunnen und Becken vermuten lässt.[23]

Der Hof der *pars urbana* von Munzach könnte als Garten gestaltet gewesen sein, ähnlich wie die Gartenanlage des Gutshofs von Dietikon am Ende des 1. Jahrhunderts n. Chr.: In einem von drei Seiten mit Portiken hufeisenförmig eingefassten Hof sind dort symmetrisch ungefähr auf die Mittelachse des umfassten Areals ausgerichtete Pflanzgräben für Zierhecken und ein Wasserbecken nachgewiesen. Im Zentrum des Gartens sparte die Bepflanzung in zwei halbkreisförmigen Reihen einen runden Platz aus, und der nördlichen Portikus war zusätzlich eine Laube oder Pergola vorgelagert (Abb. 20).[24]

In Fishbourne (West Sussex) wurde in flavischer Zeit der Garten der palastartigen Anlage auf vier Seiten von Portiken eingefasst. Die geschlossene Innenfläche war mit Pflanzgräben symmetrisch gegliedert; ähnlich den Befunden von Dietikon nahmen sie Bezug auf die Mittelachse des Gartens, wo sie wohl kleine halbrunde und viereckige Nischen aussparten.[25]

Hinweise auf repräsentative Elemente der Gartenarchitektur oder des Gartendekors wie Skulpturen, Wasserbecken, Brunnentröge sowie Hinweise auf Begrünungen wie Pflanzgräben für Beetbegrenzungen oder Hecken, Pflanzflächen für Blumen und Ziersträucher, Pergolen, Wege und dergleichen sind aus vielen Gärten römischer Gutshöfe bekannt; in Munzach sind sie – teilweise wohl bedingt durch die damalige Grabungsweise – nicht belegt.[26]

Vom Grundriss her ist der Hof mit Gartenanlage von Munzach gut mit demjenigen des Gutshofs von Vallon (Kt. Freiburg) vergleichbar: L-förmig begrenzt das Herrengebäude den grossen Garten, der an zwei Seiten von Portiken eingefasst ist. Die freie Fläche ist mit Zierhecken, Pflanzbeeten und Bäumen kultiviert (Abb. 21).[27]

## 2.4 Grösse des Gutshofs und Wohlstand seiner Bewohner

Auch wenn die genaue Ausdehnung der Gutshofanlage nicht bekannt ist, kann die Grösse doch ziemlich gut geschätzt werden: Die Fläche des durch die Umfassungsmauer umfriedeten Areals dürfte in Nord-Süd-Richtung rund 130–150 und in Ost-West-Richtung etwa 320–350 Meter betragen haben; also eine Fläche von ungefähr fünf Hektar.

Im Gelände erhalten und zu besichtigen ist heute nur noch ein Teil des Hauptgebäudes im Südwesten der Anlage.

**19**
Der Wasserspeier in Form eines Delfins, der 1974 in einer Mauerecke des Herrenhauses entdeckt wurde, ist beinahe 50 Zentimeter hoch und acht Kilogramm schwer. Brunnenstock wie Wasserspeier gehörten zu Anlagen, die man sich gut in einem gepflegten Ziergarten vorstellen kann.

---

22 THÜRY 2008, 174. – Orbe: FLUTSCH ET AL. 2001, 23–27, Abb. 18; 20 (zentraler Brunnen); FLUTSCH ET AL. 2002, 228–230, Abb. 244 und 246. – Pully: MAY CASTELLA 2013, 65–68, Abb. 41–44 (monumentales Wasserbecken). – Buchs: HORISBERGER 2004, 228–231. 258, Abb. 364 (monumentales Wasserbecken mit Krater auf Sockel). – Dietikon: wie Anm. 23 (monumentales Wasserbecken).

23 TÄNNLER 2011, 54.

24 EBNÖTHER 1995, 36–46, Abb. 21; 41 f.; FLUTSCH ET AL. 2002, 143. 230, Abb. 140; 247; THÜRY 2008, 174 f., Abb. 1.

25 RULE 1974, 36 f., Abb. S. 36 unten; CUNLIFFE 1971, 71–76, Abb. 13, 30 und 36–39, Taf. II. IV; CUNLIFFE 1999.

26 THÜRY 2008 mit zahlreichen Beispielen.

27 FUCHS 2000, 27–42, Faltplan; MONNIER/SABY 2014, 31–33, Abb. 29.

▲ 20
Rekonstruktion der *pars urbana* des Gutshofs von Dietikon (Kt. Zürich). Die Gartenanlage im von drei Seiten mit Portiken eingefassten Hof ist mit halbrunden Zierhecken und einem Wasserbecken gestaltet.

▶ 21
Rekonstruktion der *pars urbana* des Gutshofs von Vallon (Kt. Freiburg). Das L-förmige Hauptgebäude weist zwei Portiken zum Garten auf, der mit Zierhecken, Beeten und Bäumen bepflanzt ist.

Obwohl das Fundmaterial von Munzach bis auf wenige Ausnahmen noch nicht ausgewertet ist, zeigen einzelne, besondere Fundobjekte wie etwa die zwei Brunnenstöcke die reiche und prunkvolle Ausstattung des Gutshofs: Ein marmorner Brunnenstock aus Carrara-Marmor mit Früchte tragenden Efeuranken in Relief von 50 Zentimetern Höhe und ein etwa gleich grosser bronzener Wasserspeier in Form eines Delfins (vgl. Abb. 18; 19) dürften zu Zierbrunnenanlagen im Garten oder auch in verschiedenen Gärten der *pars urbana* gehört haben. Die zahlreichen Gläser des Gutshofs lassen sich teilweise dem besseren Tafelservice zuweisen und zeigen einen gewissen Luxus mit kostbarem Ess- und Trinkgeschirr an; vertreten sind etwa seltene Millefiori- und Mosaikgläser, rot gefärbtes Glas oder Gefässe mit Schlangenfadendekor. Zudem unterstreichen viele Fragmente von Fensterglas – eines einer runden, kuppelförmigen Fensterscheibe wohl eines Oberlichts – den ausserordentlichen Komfort der *pars urbana*.[28] Sie zeugen zusammen mit wertvollen Metallobjekten vom Reichtum und vom gehobenen Lebensstandard des Gutshofbesitzers und seiner Familie. Zu nennen sind beispielsweise zwei Bronzestatuetten des Merkur und der Minerva aus dem Inventar eines Lararium, zwei Attisbüsten eines dreibeinigen Klapptisches oder eine Nilpferdprotome vom Joch eines Pferdegeschirrs.[29]

Der Gutshof nimmt mit seiner Grösse von rund 130–150 × 320–350 Metern sowie mit seiner überdurchschnittlich reichen Ausstattung – zusammen mit dem Gutshof von Pratteln-Kästeli (Kt. Basel-Landschaft) – eine besondere Stellung unter den zahlreich belegten Gutshöfen im Umland von Augusta Raurica ein.[30] In der Phase des maximalen Ausbaus im 2. und frühen 3. Jahrhundert gehört er zudem zu den grössten bisher bekannten Gutshöfen im Gebiet der heutigen Schweiz.[31] In dieser

28 FÜNFSCHILLING/RÜTTI 1998, 49–51, Abb. 4.
29 HECHT/TAUBER 1998, 452. 254. Zum Delfin und zu den weiteren Bronzen: EWALD/KAUFMANN-HEINIMANN 1978; KAUFMANN-HEINIMANN 1977, Nr. 19 (Merkur); 62 (Minerva); 190 (Attis); 271 (Nilpferd); KAUFMANN-HEINIMANN 1994, 120 f., Nr. 200 (Delfin). Ebenfalls hier anzufügen ist ein Unterschenkel einer weiteren Bronzestatuette, die nach neusten Erkenntnissen aus Munzach stammt: KAUFMANN-HEINIMANN 1977, Nr. 136; freundliche Hinweise Sabine BUGMANN und Andreas FISCHER, Archäologie Baselland.
30 TÄNNLER 2011, 51 f. 53, Plan 42: Datierung Gutshof Pratteln-Kästeli: frühes 1. bis spätes 4. Jh.
31 TÄNNLER 2011, 52, Abb. 44. 45.

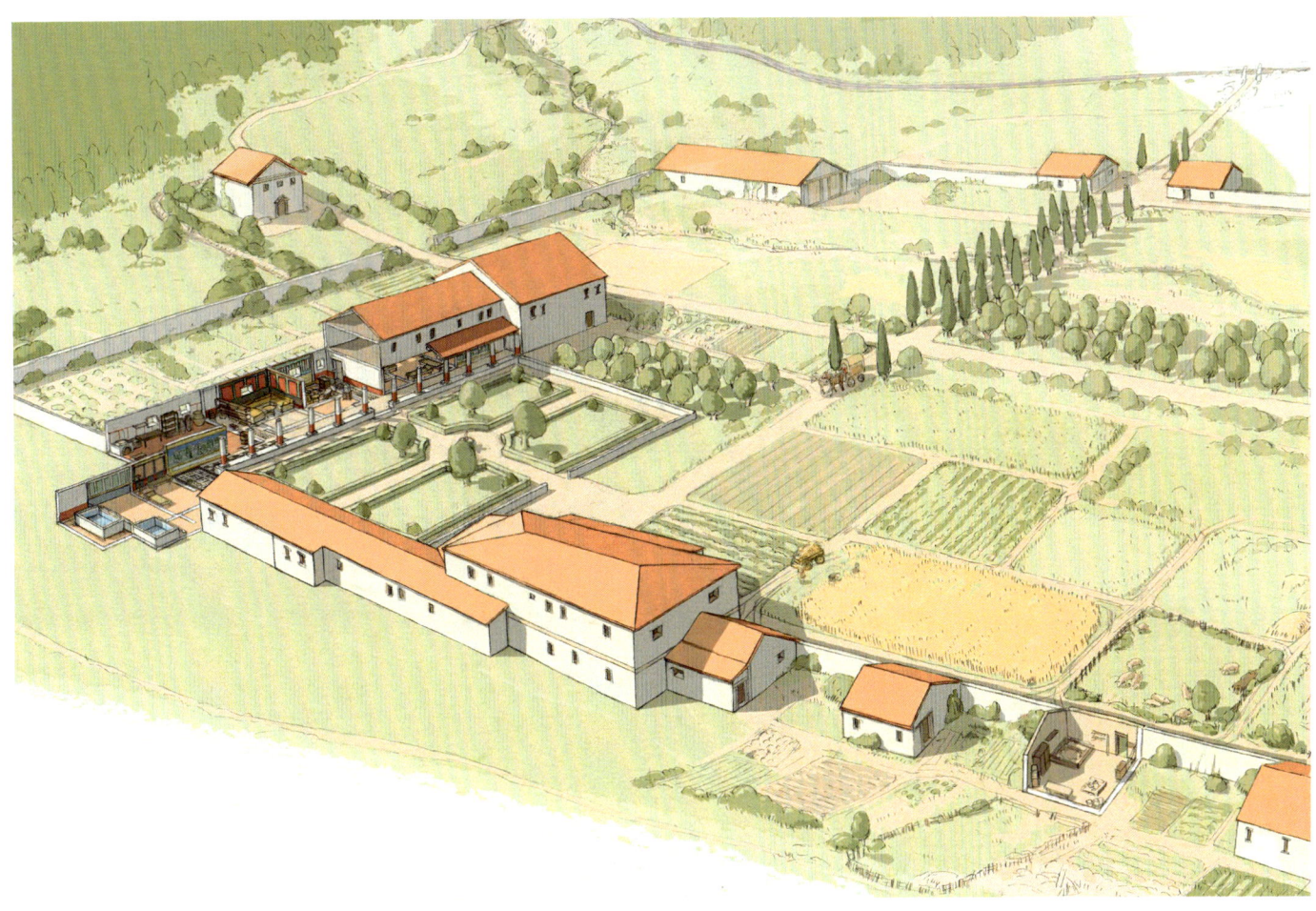

**22
Rekonstruktion des Gutshofs von Munzach.** Dem L-förmigen Hauptgebäude der *pars urbana* (links) ist ein Ziergarten vorgelagert, der von Säulengängen (Portiken) eingefasst und in dem eine Brunnenanlage installiert ist. Entlang der Umfassungsmauer befinden sich die Häuser für die Landarbeiter und Sklaven, die Werkstätten der Handwerker und die Ställe für die Tiere. Dazwischen liegen Gemüsegärten, Felder und Weiden. Die meisten der Gebäude des Wirtschaftsteils (*pars rustica*; rechts) sind erst in Ansätzen archäologisch belegt. Blick von Südosten.

Blütezeit dürften hier zwischen 150 und 200 Menschen gelebt haben (Abb. 22). Wie die ebenfalls recht luxuriösen Gutshöfe Pratteln-Kästeli oder Grenzach-Steingasse (Kr. Lörrach) liegt er im nahen Umfeld der Stadt Augusta Raurica, im Gegensatz etwa zum entfernter gelegenen, einfacheren Gutshof von Hölstein (Kt. Basel-Landschaft).[32]

## 2.5 Die Datierung des Gutshofs

Über das Aussehen der *villa rustica* in ihrer Frühphase ist kaum etwas bekannt, da der ausgegrabene Grundriss zum Grossteil der späteren Anlage des 2. und 3. Jahrhunderts n. Chr. zuzuweisen ist und die Spuren der Vorgängerbauten zerstört sind. Frühe Funde bezeugen jedoch eine erste Gutshofanlage im frühen 1. Jahrhundert n. Chr., die damit zur ältesten Phase der ländlichen Besiedlung im Umland von Augusta Raurica gehört.[33]

Der Ausbau des 2. und frühen 3. Jahrhunderts fällt in die Blütezeit der römischen Besiedlung im Gebiet der heutigen Schweiz, die sich auch durch die grösste

---

32 HECHT 1997b, 45; HECHT/TAUBER 1998, 449. 454; TÄNNLER 2011, 52 f.

33 HECHT/TAUBER 1998, 447. Funde von spätkeltischen Scherben aus dem 1. Jh. v. Chr. weisen auf eine keltische Vorgängersiedlung hin, die möglicherweise etwas weiter talaufwärts lag; MARTI 2000, A 179; MARTI 2006, 39.

**23**
Das Gladiatorenmosaik aus Augst-Insula 30 bei der Freilegung 1961. Mehrere Pfostenlöcher, die das Mosaik partiell zerstört haben, stammen aus der Zeit nach der Nutzung des Bodens.

**24**
Mosaik II *in situ*. Der Boden weist neun Pfostenlöcher auf, die durch das Mosaik getrieben wurden. Sie deuten auf eine jüngere Bauphase, die eventuell mit einer Umnutzung des Mosaikraums verbunden war.

Villendichte auszeichnet. In diese Periode datieren auch zumindest fünf der sechs Mosaiken von Munzach.

Die behelfsmässig geflickte Fehlstelle in Mosaik III spricht für eine lange Benützungszeit dieses Raums.[34] Eine noch jüngere Nutzung des Gutshofs belegt Mosaik II: Es war an wenigen Stellen in der Westhälfte – wohl verursacht durch den späteren Einbau von Pfosten – beschädigt. Vergleichbare Befunde sind auch beim Gladiatorenmosaik in Augst-Insula 30 nachgewiesen und zeigen eine zeitlich nicht näher fassbare Umnutzung der Gebäude und Räumlichkeiten an beiden Fundorten an (Abb. 23; 24).

Wenige Spuren eines Brandereignisses sind für das 4. Jahrhundert bezeugt,[35] beispielsweise einige kostbare Gläser, die stark angeschmolzen waren.[36]

Für eine Begehung im 5. und bis in die Mitte des 6. Jahrhunderts sind die Belege spärlich. Nach 550 n. Chr. änderte sich das Bild wieder. Eine deutliche Zunahme der Funde spricht für eine nicht unbedeutende frühmittelalterliche Siedlung anstelle des ehemaligen Gutshofs, die gegen 800 n. Chr. als Gerichtsort (*vicus* beziehungsweise *placidum*) «Monzacha» erwähnt wird (Abb. 25). Das Dorf bestand bis ins 13. Jahrhundert, wie Reste von mittelalterlichen Grubenhäusern und Pfostenstellungen von ebenerdigen Gebäuden – vielleicht mit einer Mühle – dokumentieren.[37] Danach wird das Dorf, wohl in Zusammenhang mit der Erhebung von Liestal zur Stadt, aufgegeben. Einzig die Sankt Laurentiuskirche zeugte noch vom einstigen Ort und wurde erst 1765/66 abgerissen (Abb. 26).[38]

34 STRÜBIN/LAUR-BELART 1953, 6.

35 STRÜBIN/LAUR-BELART 1953, 12.

36 FÜNFSCHILLING/RÜTTI 1998, 51. Zu spätrömischen und frühmittelalterlichen Funden aus Munzach vgl. MARTI 2000, B 169–180, Taf. 187–206.

37 FLUTSCH ET AL. 2002, 153; MARTI 2000, A 277 f.; MARTI 2008, 58 mit Abb., Abb. S. 59: Lage der Sondierung: im Zentrum der römischen *pars rustica*; VON WARTBURG 2012, 38–40.

38 MARTI 2000, A 179 f. Die bis 2014 205 bestimmten Münzen aus Munzach bestätigen die hier zur Datierung gemachten Aussagen und belegen eine Siedlungskontinuität von der frühen Kaiserzeit bis sicher ins Frühmittelalter; dazu wohl zwei Schatzfunde/Ensembles des späteren 3. und mittleren 4. Jh. Die Münzbestimmungen werden Markus PETER, Augusta Raurica, verdankt.

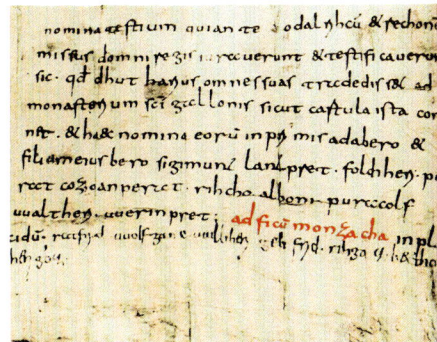

**25 ^**
Die Zeugenliste einer Sankt Galler Urkunde ist um 800 in der Gerichtsstätte beim Dorf Munzach – *ad ficum monzacha* (rot hervorgehoben) *in placidum* – notiert worden.

**26 ‹**
Die Skizze von Emanuel Büchel aus dem Jahr 1751 zeigt die alleinstehende Kirche Sankt Laurentius kurz vor dem Abbruch. Das zugehörige Dorf Munzach ist schon viele Generationen zuvor aufgegeben worden.

## 2.6  Das Quellheiligtum

Die rund 70 Meter westlich des Hauptgebäudes des Gutshofs gelegene Quelle, deren Neufassung 1950 zur Entdeckung der *villa rustica* geführt hatte, war bereits in römischer Zeit mit einer halbrunden Trockenmauer gefasst. Ein direkt anschliessendes Badegebäude mit rechteckigem Becken aus Kalkstein[39] lässt auf ein zum Landgut gehörendes Quellheiligtum mit Bad schliessen, an dessen Stelle die spätere Dorfkirche Sankt Laurentius gebaut wurde – ein bei vielen römischen Gutshöfen beobachtetes Phänomen.[40] Einzelne in der Literatur erwähnte Mosaiksteine aus dem Gebiet lassen vermuten, dass das Bad entsprechend ausgestattet war; gesichert ist dieser Befund allerdings nicht (Kap. 3.8).[41]

---

39  LAUR-BELART 1951, 123.

40  MARTI 2000, A 277.

41  LAUR-BELART 1951, 124; HECHT/TAUBER 1998, 452. Die zitierten Mosaiktesserae sind im Fundmaterial des Depots der Archäologie Baselland nicht identifizierbar.

# 3 Die Mosaiken

**27**
**Dokumentations- und Bergungsarbeiten an Mosaik IV, dem Quadrigamosaik.**

› **28**
**Mosaik I, zeichnerische Rekonstruktion. Schwarz-weisser orthogonaler Schachbrettrapport mit schwarzem Kreuzmotiv in den weissen Feldern und schwarzem Rahmen. Schwarz:** *in situ* **erhaltenes Mosaik; grau: nicht erhalten und zeichnerisch ergänzt. M 1 : 200.**

Sechs Mosaiken sind in Munzach sicher belegt. Hinzu kommen zwei höchst vage Hinweise auf weitere solche Böden. Das folgende Kapitel präsentiert zum einen den Grabungsbefund, die Dokumentation und die Erhaltung jedes Mosaiks. Ausserdem geht es der Frage nach, wie die Muster zu rekonstruieren sind und wie sie sich stilistisch einordnen lassen. Zur Klärung dieser Fragen werden die Lage der Fragmente in den Gebäuden sowie Vergleiche aus Augusta Raurica und von zahlreichen weiteren Fundstellen im römischen Reich herangezogen.

# Erhaltung, Beschreibung, Einordnung

## 3.1 Mosaik I

### 3.1.1 Technische Daten, Befund und Erhaltung

*Entdeckung:* 1950.[1]
*Ausgrabung:* 1952, 1954.
*Raum:* Westportikus, Raum A (Abb. 30).
*Absolute Höhen:* 327,21 m. ü. M. (Fragment bei Mosaik II), 326,18 m. ü. M (Südende Steinsetzung bei Raum G, der hier nicht erhaltene Mosaikbelag ist wohl wegerodiert), 325,86 m. ü. M (Nordende Steinsetzung bei Raum H, der hier ebenfalls nicht erhaltene Mosaikbelag ist wohl wegerodiert).[2] Die rekonstruierte Höhe des Mosaiks lag demnach bei rund 327,21 m ü. M.

*Durchgang/Eingang:* Es sind drei Durchgänge an der westlichen Längsseite erhalten: zu Raum B mit Mosaik II über eine (verlorene) Schwelle, zu Korridor Q mit dem Durchgang zu den Räumen O, P und R und direkt zu Raum R. Weitere Durchgänge sind im Norden des Mosaiks zu vermuten, aber nicht erhalten, da die Oberfläche hier erodiert ist. Das Kalksteinpflaster am Nordende der Portikus A, das auch in der Wagenremise H nachgewiesen ist, liegt deutlich tiefer als das Mosaik; hier dürfte in einer älteren Phase ein weiterer Durchgang von der Portikus zu Raum H bestanden haben.

*Wände:* nicht dokumentiert. Analog zur Südportikus mit Mosaik V wohl verputzte Westwand.

*Masse Raum:* 45,6 (West) – 45,7 m (Ost) × 3,2 (Süd) – 3,4 m (Nord).

*Erhaltene Masse Mosaik:* Breite 3,1 m (Süd) – 3,2 m (Nord). Länge maximal 29 m; Länge der drei erhaltenen Fragmente *in situ* etwa 2 m, 7,5 m und 2,2 m.

*Rekonstruierte Masse Mosaik:* Länge 45,6 m, Breite 3,2 m, Seitenlänge Schachbrettfelder 0,4 m, Fläche 145,9 m².

*Masse in römischen Fuss (pes Romanus* oder pR, entspricht 29,6 cm): geometrischer Rapport mit Rahmen 11 pR (3,256 m) × 154 pR (45,584 m), geometrischer Rapport ohne Rahmen 8 pR (2,368 m) × 152 pR (44,992 m), Seitenlänge Schachbrettfelder 1 1/3 pR (0,395 m).

*Stein:* schwarz (Stinkkalk), weiss (Oolith).

*Kanten:* 1,5–3 cm, sehr unregelmässig.[3]

*Bettung:* Kitt (oberste feine Kalklage) 0,5–1 cm; feiner, rötlicher Ziegelschrotmörtel 4–4,5 cm; weisser Kalkmörtel mit Steinen 11–12 cm; Humus mit Steinen 9–10 cm; reiner Kalkmörtel (Abfall eines Werkplatzes, d.h. Bauschutt) 0–3 cm; anstehender Boden.[4]

*Befund Mosaik:* Drei nicht zusammenhängende Fragmente sind in der südlichen Hälfte der Portikus (Raum A) in situ erhalten (Abb. 28); der Rest des Mosaikbodens ist zerstört. Am nördlichen Ende der Portikus ist kein Mosaik nachgewiesen, erhalten ist lediglich ein Kalksplitterboden. Das Terrain ist an dieser Stelle aber 60

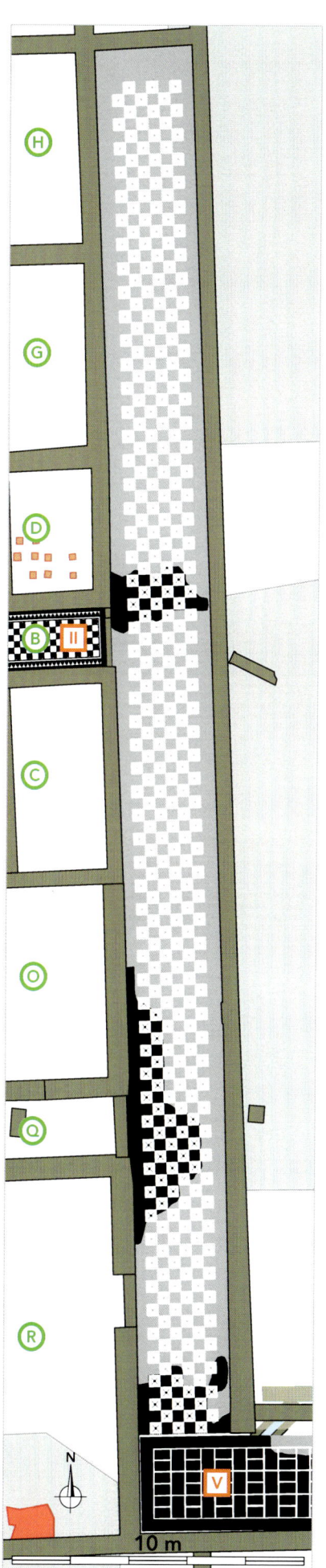

---

1 LAUR-BELART 1951, 123: Grabung im April 1950; LAUR-BELART 1951, 124: Geometrische Mosaiken gefunden. Taf. 17, Abb. 1 = Mosaik II. Es ist von mehr als einem Mosaik die Rede, deshalb wurde wohl auch Mosaik I bereits 1950 gefunden.
2 Archiv Archäologie Baselland, Plan 40.222.67.
3 Nach JOOS 1985, 90: 2,7–2,85 cm.
4 Nach JOOS 1985, 90.

△ 29
Mosaik I *in situ*. Der orthogonale schwarz-weisse Schachbrettrapport wird an den Längsseiten von einem breiten schwarzen Rahmen eingefasst.

› 30
Mosaik I, Lage innerhalb des Gutshofs: Westportikus, Raum A.

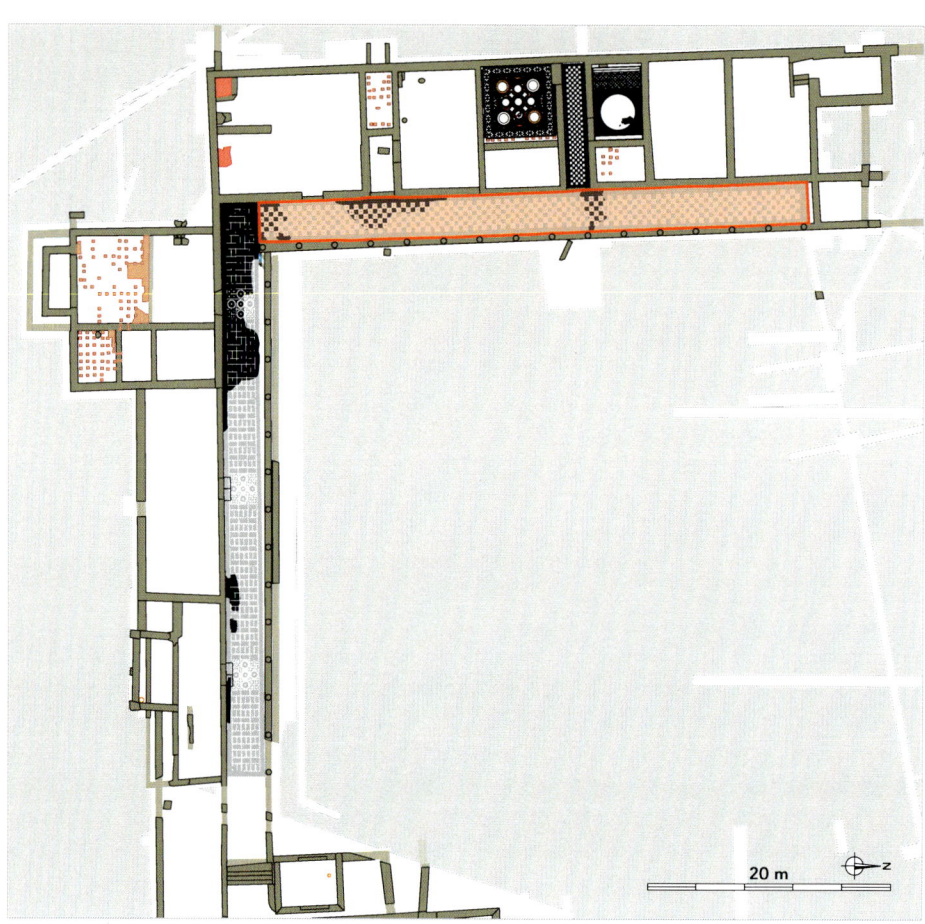

Zentimeter tiefer als im Süden.[5] Es ist deshalb davon auszugehen, dass das Mosaik hier wegerodiert ist. Die Mosaikbettung ist etwa 25–30 Zentimeter mächtig (siehe unten S. 77 f.) und am 60 Zentimeter tiefer liegenden Nordende der Portikus somit gar nicht mehr erhalten.[6]

### 3.1.2 Beschreibung und Rekonstruktion

Das Mosaik zeigt einen schwarz-weissen orthogonalen Schachbrettrapport mit schwarzem Kreuzmotiv in den weissen Feldern, das als Mittelquadrat (3 × 3 Steine) mit Eckpunkten (2 Steine) gestaltet ist (Abb. 28; 31). Die Breite des Rapports setzt sich aus je drei schwarzen und drei weissen, insgesamt somit aus sechs Feldern zusammen. Der Rahmen entlang der Längsseiten ist schwarz (cirka 18–20 Reihen) und etwas breiter als ein Feld (Abb. 29). An der erhaltenen Schmalseite im Süden fehlt ein Rahmen; hier ist das Mosaik Fuge an Fuge an Mosaik V verlegt, und der Abschluss des Schachbrettrapports ist mit einem weissen zweireihigen Linienband gekennzeichnet (Abb. 32). Zudem ist der Schachbrettrapport in den weissen Feldern an dieser Stelle mit je einer Reihe aus schwarzen und weissen Steinen im Wechsel

---

5   Joos 1985, 90.

6   Dokumentation zur Erhaltung *in situ* (nicht abgebildet): Pläne 40.222.67, 40.223.57. – Fotos 40.222.6.0005, 40.222.6.0007, 40.222.6.0018, 40.222.6.0023, 40.222.6.0257, 40.222.6.0258, 40.222.6.0260, 40.223.6.0015, 40.223.6.0016, 40.223.6.0026, 40.223.6.0027, 40.223.6.0029, 40.223.6.0030, 40.223.6.0140.

abgeschlossen. Dies ergibt eine «punktierte Linie», die an «Teppichfransen» denken lässt (Abb. 32; vgl. Abb. 106), was unüblich ist. Zu erwarten wäre eigentlich ein zusätzlicher breiter schwarzer Rahmen. Der Abschluss des Mosaiks am Südende ist nicht erhalten. Aus Symmetriegründen ist für die Rekonstruktion der gleiche wie am Südende denkbar, also rahmenlos. Möglich ist aber auch ein breiter schwarzer Rahmen (vgl. Abb. 28).

### 3.1.3 Stilistische Einordnung

*Orthogonaler Schachbrettrapport*
Orthogonale Schachbrettrapporte sind seit dem letzten Viertel des 2. Jahrhunderts vor allem auf Portikus- und Korridormosaiken sowie auf Mosaiken in Vorräumen belegt. Sie treten nicht sehr häufig auf, sind aber in der Nordschweiz, beispielsweise in Augusta Raurica, einige Male vertreten.
*Vergleiche Augst:* Insulae 41/47, Mosaik IX, Laufrichtung unklar; Insula 10, Mosaik I, diagonal, dreifarbig; Insula 28, Mosaik III, diagonal; Insula 31 als Variante, orthogonal.
*Weitere Vergleiche:* Kloten (Kt. Zürich), Mosaik B III, orthogonal; Cormerod (Kt. Freiburg), orthogonal; Zofingen (Kt. Aargau), Mosaik I, orthogonal; Yvonand-La Baumaz (Kt. Waadt), Mosaik I, orthogonal.[7]
*Datierung:* letztes Viertel 2. Jahrhundert bis 3./4. Jahrhundert.[8]
*Verbreitung:* relativ selten, in der Nordschweiz aber einige Male nachgewiesen, zum Beispiel in Augst.[9]

*Äusserer Abschluss der schwarzen oder weissen Felder der beiden Schachbrettrapporte mit einer schwarz-weissen Steinreihe («punktierte Linie»)*
Der äussere Abschluss mit einer schwarzen oder weissen Steinreihe, also einer «punktierten Linie», wie er uns in den Mosaiken I und II begegnet, ist bei orthogonalen Schachbrettrapporten ab der Mitte des 2. bis ins 3. Jahrhundert ein sehr beliebtes Motiv, besonders in der Nordschweiz. In Augusta Raurica ist es jedoch nur einmal im schwarz-weissen Schuppenrapport von Insula 30, Mosaik II vertreten.
*Vergleiche Augst:* Insula 30, Mosaik II, schwarz-weisser Schuppenrapport, oberer und unterer Abschluss der schwarzen Schuppen.
*Weitere Vergleiche:* Zofingen, Mosaik I, schwarz-weisser orthogonaler Schachbrettrapport, äusserer Abschluss der weissen und schwarzen Quadrate; Kloten, Mosaiken II und III, schwarz-weisser orthogonaler Schachbrettrapport, äusserer Abschluss der schwarzen Quadrate; Hölstein (Kt. Basel-Landschaft), schwarz-weisser diagonaler Schachbrettrapport als Rahmen um das quadratische Mittelbild, äusserer und innerer Abschluss der (angeschnittenen) schwarzen Dreiecke an zwei Seiten; Avenches (Kt. Waadt), Jagdmosaik, schwarz-weisser diagonaler Schachbrettrapport als Rahmen um das quadratische Mittelbild, innerer Abschluss auf zwei Seiten in den schwarzen Dreiecken; Yvonand-Mordagne, Mosaik III, schwarz-weisser orthogonaler Schachbrettrapport mit geometrischen Unterteilungen der Schachbrettfelder, äusserer Abschluss als durchgehende Linie auf sicher einer Schmalseite (zweite nicht erhalten?); Chéseaux (Kt. Waadt), Mosaik I, schwarz-weisser orthogonaler

**31**
Mosaik I *in situ*. Die weissen Felder des orthogonalen schwarz-weissen Schachbrettrapports weisen ein schwarzes Kreuzmotiv auf.

**32**
Mosaik I (Bildmitte rechts) und Mosaik V *in situ*. Die Mosaiken sind Fuge an Fuge gesetzt. Ein weisses Linienband bildet die Trennlinie zwischen den beiden Böden.

---

7 Kloten, Mosaik B III: von Gonzenbach 1961, 125, Taf. 30 (spätes 2. bis frühes 3. Jh.). – Cormerod: von Gonzenbach 1961, 96–99. 139, Taf. 34 (zweite Hälfte 2. bis erste Hälfte 3. Jh.?). – Zofingen, Mosaik I: von Gonzenbach 1961, 238 f., Taf. 6. – Yvonand-La Baumaz, Mosaik I: von Gonzenbach 1961, 234 f., Taf. 42.

8 von Gonzenbach 1961, 143.

9 Delbarre-Bärtschi 2014b, 68 f. – Zum orthogonalen Schachbrettrapport allg. vgl. Schmid 1993, 108.

Kreuzblütenrapport als Rahmen des quadratischen Mittelbilds, innerer Abschluss der schwarzen Kreuzblüten; Orbe (Kt. Waadt), Mosaik VI, schwarz-weisser orthogonaler Kreuzblütenrapport mit weissem Mittelquadrat, äusserer Abschluss der weissen Mittelquadrate; Orbe, Mosaik I, schwarz-gelb-weisser Würfelrapport, äusserer Abschluss der weiss umrandeten Dreiecke, als durchgehende Linie; Trier-Weberbach (Rheinland-Pfalz), «Polydus-» oder «Wagenlenker-Mosaik», äusserer Abschluss der weissen Quadrate des Annexmosaiks.[10]

*Datierung:* ab Mitte 2. bis 3. Jahrhundert n. Chr.

*Verbreitung:* sehr verbreitet. In der Nordschweiz bei orthogonalen Schachbrettrapporten beliebt.

## 3.2   Mosaik II

### 3.2.1   Technische Daten, Befund und Erhaltung

*Entdeckung:* 1950.[11]

*Ausgrabung:* 1950–1952.

*Raum:* Korridor/Gang, Raum B (Abb. 33).

*Absolute Höhen:* 327,16 m ü. M. (Ostende), 327,18 m ü. M. (Mitte), 327,15 m ü. M. (Westende). Die rekonstruierte Höhe des Mosaiks lag demnach bei ungefähr 327,18 m ü. M.[12] Die Schwelle zwischen Mosaik II und Mosaik III befindet sich auf 327,19 m ü. M.

*Durchgang/Eingang:* Es gibt drei Durchgänge: zu Portikus A mit Mosaik I über eine (verlorene) Schwelle an der Ostseite des Raums, zu Raum E mit Mosaik III über die 1,5 Meter breite Sandsteinschwelle in der Südwestecke und zu Raum F mit Mosaik IV über eine (verlorene) Schwelle an der nördlichen Längsseite des Raums.

*Wände:* Die Wände der beiden Schmalseiten des Raums waren weiss verputzt.

*Masse Raum/Masse Mosaik:* Länge 9,8 m, Breite 1,9 m, Seitenlänge der Schachbrettfelder 0,2 m, Fläche 18,6 m².

*Masse in römischen Fuss (29,6 cm):* geometrischer Rapport mit Rahmen 6,5 pR (1,924 m) × 33 pR (9,768 m), geometrischer Rapport ohne Rahmen 4 pR (1,184 m) × 32 pR (9,472 m), Seitenlänge Schachbrettfeld 2/3 pR (0,1973 m).

*Stein:* schwarz (Stinkkalk), weiss (Oolith).

*Kanten:* 1,0–1,3 cm, regelmässig.[13]

*Bettung:* Kitt ca. 0,5 cm; feiner rötlicher Ziegelschrotmörtel 3,5–4,5 cm; Mörtellage mit grobem Ziegelschrot und Kieseln 7–8 cm; Erde mit einzelnen Geröllen 8–12 cm; Kalkgussschicht 0–8 cm; anstehender Boden.[14]

---

10  Zofingen, Mosaik I: von Gonzenbach 1961, 238 f., Taf. 6 (Ende 2. Jh.). – Kloten, Mosaiken II und III: von Gonzenbach 1961, 124 f., Taf. 30 (Ende 2. oder Anfang 3. Jh.). – Hölstein: von Gonzenbach 1961, 120 f., Taf. 10 (um 150 n. Chr.). – Avenches, Jagdmosaik: von Gonzenbach 1961, 71 f., Taf. 36 (200–250 n. Chr.). – Yvonand-Mordagne, Mosaik III: von Gonzenbach 1961, 237 f., Taf. 25 (früheres 3. Jh.). – Chéseaux, Mosaik I: von Gonzenbach 1961, 92 f., Taf. 26 (letztes Drittel 2. Jh.). – Orbe, Mosaik VI: von Gonzenbach 1961, 195, Taf. 46 (200–235 n. Chr.). – Orbe, Mosaik I: von Gonzenbach 1961, 173 f., Taf. 48 (200–235 n. Chr.). – Trier-Weberbach, «Polydus-» oder «Wagenlenker-Mosaik»: Hoffmann et al. 1999, 168 f., Kat. 161, Taf. 100 (um Mitte 3. Jh.).

11  Vgl. S. 27, Anm. 1.

12  Archiv Archäologie Baselland, Plan 40.222.67.

13  Joos 1985, 90: 1,22–1,28 cm, Randzone 1,45–1,48 cm.

14  Joos 1985, 90 f.

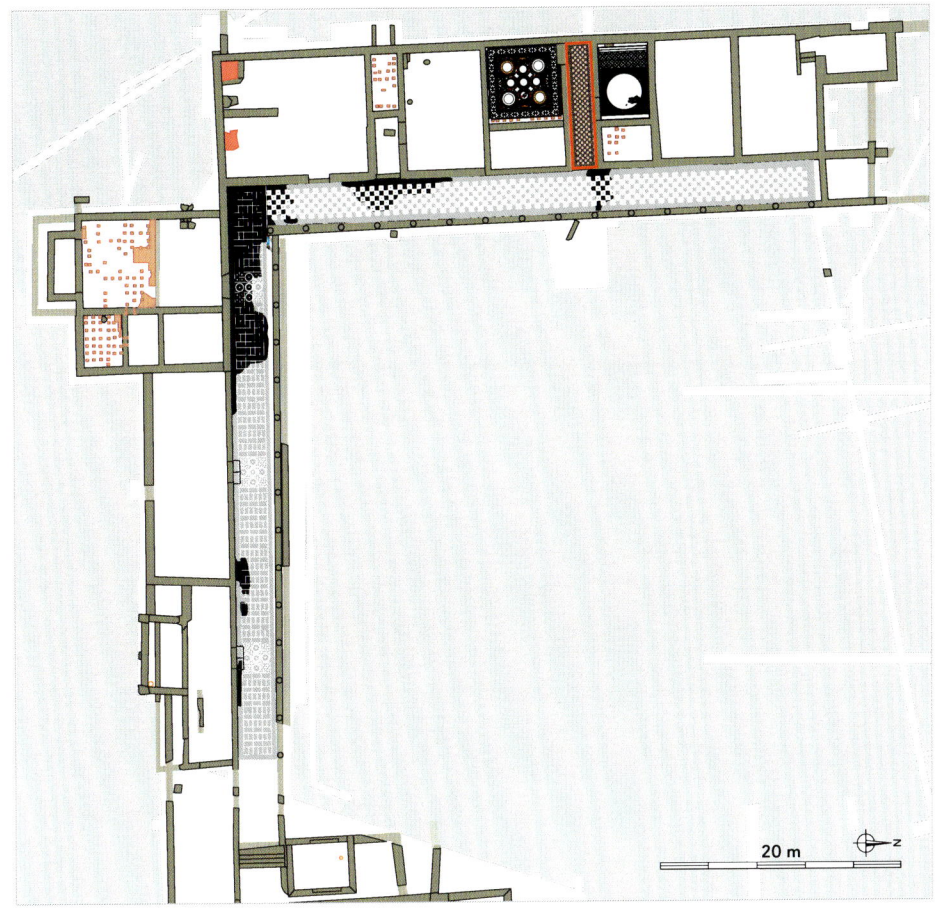

**33**
Mosaik II, Lage innerhalb des Gutshofs:
Korridor/Gang, Raum B.

*Befund Mosaik* (Abb. 34): Das Mosaik ist bis auf neun kleinere Fehlstellen in der Westhälfte des Raums, die auf Pfostengruben einer nachmosaikzeitlichen Nutzung zurückgehen, vollständig erhalten.[15]

### 3.2.2 Beschreibung und Rekonstruktion

Das Mosaik zeigt einen schwarz-weissen orthogonalen Schachbrettrapport (Abb. 36), dessen Breite durch je drei schwarze und drei weisse, also insgesamt sechs Felder definiert wird (Abb. 35). Der äussere Abschluss der schwarzen Felder ist mit einer Reihe aus schwarzen und weissen Steinen im Wechsel gestaltet, einer «punktierten Linie», die an «Teppichfransen» gemahnt (Abb. 37). Rings um den Rapport läuft ein doppelter schwarzer Linienrahmen. Mit Ausnahme der Schmalseite zum Mosaik I im Osten ist der Boden mit einem Litzenband eingefasst. Das Ganze wird auf drei Seiten durch einen schwarzen Rahmen aus etwa 12 Steinreihen an der Nordseite und 5–9 Reihen an der Südseite bei der Schwelle zu Mosaik III eingefasst. An der

---

15 Dokumentation für Erhaltung *in situ* (nicht abgebildet): Pläne 40.222.67, 40.222.20, 40.222.67, 40.222.20. – Fotos 40.221.40.0154, 40.221.40.0155, 40.221.40.0156, 40.221.40.0158, 40.221.40.0159, 40.221.40.0160; 40.222.6.0018, 40.222.6.0021, 40.222.6.0024, 40.222.6.0025, 40.222.6.0026, 40.222.6.0027, 40.222.6.0028, 40.222.6.0029, 40.222.6.0030, 40.222.6.0031, 40.222.6.0032, 40.222.6.0033, 40.222.6.0035, 40.222.6.0036, 40.222.6.0037, 40.222.6.0052, 40.222.6.0053, 40.222.6.0055, 40.222.6.0057, 40.222.6.0067, 40.222.6.0068, 40.222.6.0257, 40.222.6.0258, 40.222.6.0260, 40.222.6.0263, 40.222.6.0303.

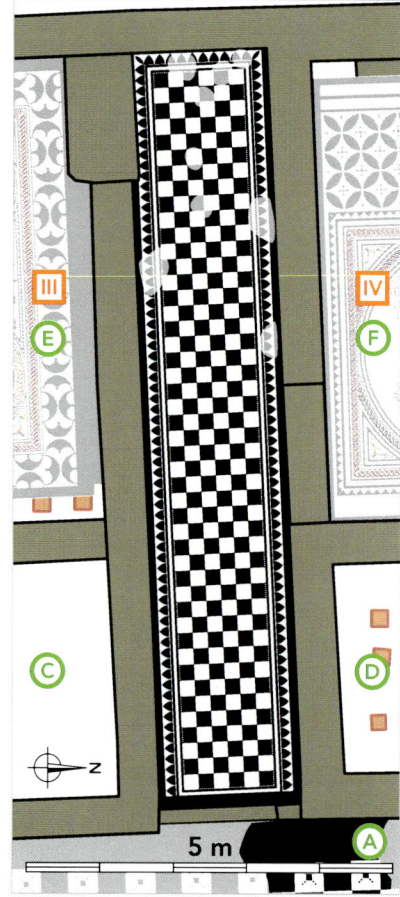

**34**
Mosaik II, zeichnerische Rekonstruktion. Schwarz-weisser orthogonaler Schachbrettrapport, der an drei Seiten von einem Litzenband eingefasst wird. M 1:100.

**› 35**
Mosaik II *in situ*. An der vierten Seite (im Bildvordergrund) fehlt das Litzenband. An drei Seiten bildet ein breiter schwarzer Rahmen den Abschluss zur Wand.

westlichen Schmalseite fehlt dieser Rahmen; dort bildet das Litzenband den Abschluss zur Wand (Abb. 35; 37).

Die «punktierte Linie» als äusserer Abschluss des Rapports und das Litzenband verleihen dem Boden – ähnlich wie im Falle des Mosaiks I – den Charakter eines Teppichs.

### 3.2.3 Stilistische Einordnung

*Orthogonaler Schachbrettrapport*
Siehe oben Mosaik I (Kap. 3.1.3).

*Schwarz auf weisses Litzenband*
Das schwarz auf weisse Litzenband ist in Italien seit der zweiten Hälfte des 2. Jahrhunderts beliebt und kommt danach auch in Gallien und Germanien in Mode. In der Region ist es eher selten und in Augusta Raurica nur gerade zweimal nachge-

wiesen. Weitere Belege des späten 2. und frühen 3. Jahrhunderts in der Nordschweiz deuten auf eine lokale oder regionale Werkstatt.

*Vergleiche Augst:* Insulae 41/47, Mosaik VI, weiss auf schwarz, und Mosaik XI (unklar). In Augst kommt das Litzenband nur in den Insulae 41/47 vor.

*Weitere Vergleiche* (Auswahl): Herzogenbuchsee (Kt. Bern), Mosaik I; Unterlunkhofen (Kt. Aargau), Mosaik II, weiss auf schwarz); Windisch (Kt. Aargau), weiss auf schwarz, wie Augst-Insulae 41/47, Mosaik VI; Avenches (Kt. Waadt), Gansmosaik; Bern-Bümpliz (Kt. Bern), weiss gezeichnete Litzen auf schwarzem Grund; Bösingen (Kt. Fribourg), Mosaik II, schwarz auf weiss; Trier-Kuhnenstrasse, weiss auf schwarz, wie Augst-Insulae 41/47, Mosaik VI.[16]

*Datierung:* häufig in Italien seit der zweiten Hälfte des 2. Jahrhunderts, danach auch in den gallischen und den germanischen Provinzen. In Mittel- und Südgallien ist es in schwarz-weisser Ausführung nicht bezeugt.[17]

*Verbreitung:* Die Konzentration in der Nordwestschweiz im späten 2. und frühen 3. Jahrhundert lässt an eine lokale oder regionale Werkstatt denken.

*Äusserer Abschluss der schwarzen Felder der beiden Schachbrettrapporte mit einer schwarz-weissen Steinreihe («punktierte Linie»)*

Siehe oben Mosaik I (Kap. 3.1.3).

**36**
Mosaik II, *in situ* erhaltener Mosaikboden. Gut erkennbar sind die runden Beschädigungen im Mosaikbelag, die von Pfostenlöchern einer jüngeren Bauphase herrühren.

**37**
Mosaik II *in situ*. Der schwarz-weisse orthogonale Schachbrettrapport wird an der westlichen Schmalseite zur Wand mit dem Litzenband abgeschlossen.

---

16   Herzogenbuchsee, Mosaik I: von Gonzenbach 1961, 116, Taf. 22 (frühes 3. Jh.). – Unterlunkhofen, Mosaik II: von Gonzenbach 1961, 221, Taf. 21 (175–225 n. Chr.). – Windisch: von Gonzenbach 1961, 232, Abb. 98a (spätestes 2./frühes 3. Jh.). – Avenches, Gansmosaik: von Gonzenbach 1961, 56 f., Taf. 14 (150–175 n. Chr.); Rebetez 1997, 76 f., Kat. 22 (zweite Hälfte 3. Jh.). – Bern-Bümpliz: Delbarre-Bärtschi 2014b, 230 f., Taf. 29,3 (1./2. Jh.?). – Bösingen, Mosaik II: Delbarre-Bärtschi 2014b, 231 f., Taf. 30,1 (Ende 2. Jh.?). – Trier-Kuhnenstrasse: Parlasca 1959, Taf. 6 (nach 230 n. Chr.); Hoffmann et al. 1999, 130 f., Kat. 87, Taf. 48 f.

17   von Gonzenbach 1961, 305; Schmid 1993, 129. 140; Delbarre-Bärtschi 2014b, 53.

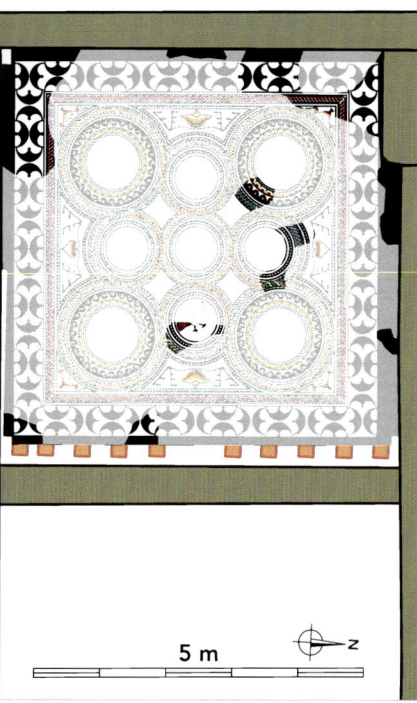

△ 38
Mosaik III, Erhaltung *in situ*.
Zeichnerische Rekonstruktion der *in situ* erhaltenen Fragmente.

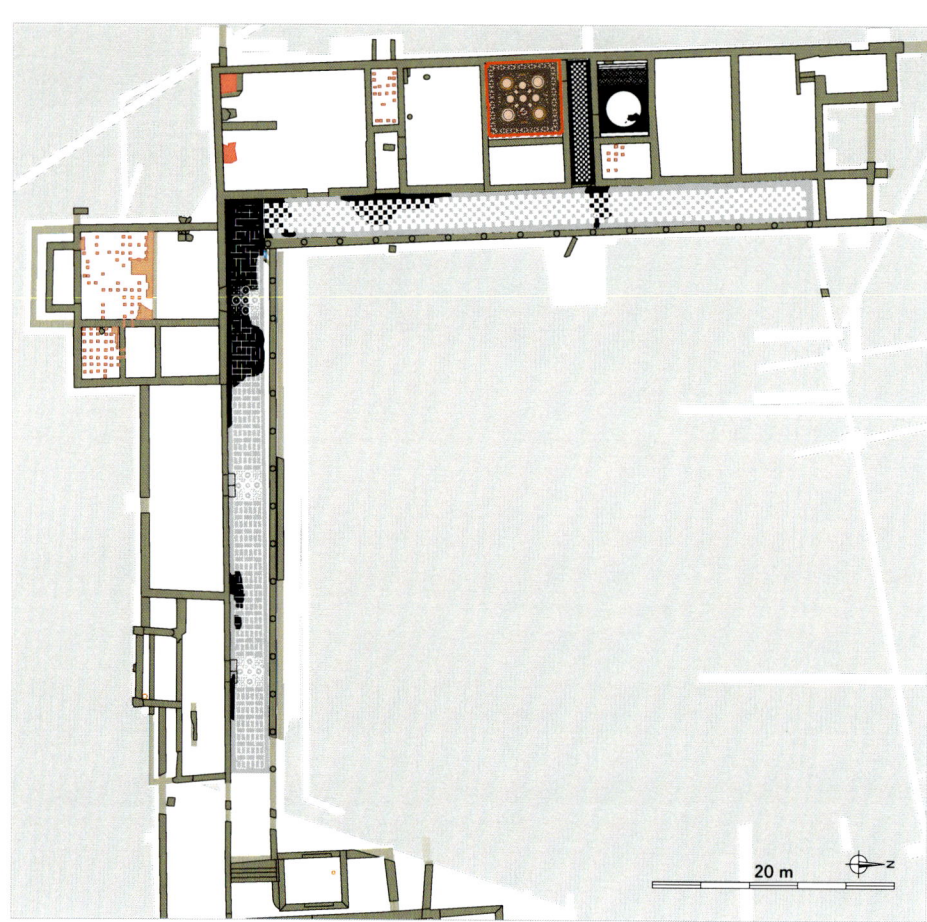

› 39
Mosaik III, Lage innerhalb des Gutshofs: Wohnraum mit Hypokaust, Raum E.

## 3.3 Mosaik III, Pfaumosaik

### 3.3.1 Technische Daten, Befund und Erhaltung

*Entdeckung:* 1950.
*Ausgrabung:* 1952.
*Raum:* Wohnraum mit Hypokaust, Raum E (Abb. 39).
*Absolute Höhen:* 327,06–20 m ü. M. (Nordwestecke), 327,18–22 m ü. M. (Südostecke). Die rekonstruierte Höhe des Mosaiks lag demnach bei rund 327,22 m ü. M.[18] Das Niveau des unteren Hypokaustbodens befand sich auf 326,52 m ü. M., dasjenige des oberen Hypokaustbodens beziehungsweise der Suspensuraplatten, auf der die Mosaikbettung zu liegen kam, auf 327,12 m ü. M. (Südostecke). Die Schwelle zwischen Mosaik II und Mosaik III lag auf 327,19 m ü. M.

*Wände:* Direkt über dem Mosaikboden ist sicher die Süd- und die Ostwand (die anderen beiden sind nicht erhalten) mit weissen Kalksteinplatten auf einer Höhe von mindestens 0,38 Meter verkleidet. Ob es sich um eine Sockelverkleidung handelt oder weiter aufgehend war, muss offen bleiben. Wandverkleidung aus weissen Kalksteinplatten: in Südostecke UK = OK Mosaik 327,22 m ü. M., erhaltene OK 327,49–54 m ü. M., erhaltene Breite (= ganze Platte) 0,6 m; in Nordostecke erhaltene OK 327,58 m ü. M., erhaltene Breite 0,11 m. Erhaltene Höhe der Verkleidung 0,38 m, Breite der Platten 0,6 m, Dicke der Platten ca. 1 cm. An Ost-, Nord- und Südwand roter und weisser Verputz.

18   Alle Höhenangaben: Archiv Archäologie Baselland, Pläne 40.222.67 und 40.222.22.

**40**
Mosaik III *in situ* an der Ostseite. Das einzige, teilweise erhaltene der acht oder neun runden Bildfelder zeigt die Füsse und die Schwanzfedern eines nach rechts schreitenden Pfaus. Im verstürzten Hypokaust sind einige Fragmente des randlichen Zwickels erhalten. Sie lassen Ansatz und Stängel einer Glockenblüte erkennen.

*Durchgang/Eingang:* zu Raum B (Mosaik II) in der Nordwestecke des Raums 1,5 m breite Sandsteinschwelle.
*Masse Raum:* 5,9 m × 6,25 m.
*Erhaltene Masse Mosaik:* Länge 6,25 m, Breite 5,9 m, Fläche 36,9 m².
*Masse in römischen Fuss* (29,6 cm): 20 pR (5,92 m) × 21 pR (6,22 m).
*Stein:* schwarz (Stinkkalk), weiss (Oolith), grün (Prasinit), hellgrau (Marmor), dunkelrot, ockergelb, gelb, braun (alle Kalkstein), tiefschwarz.[19] Nach Marcel Joos wurde für die tiefschwarzen Steine kein Glas, sondern Kieselschiefer (Lydit) verwendet.[20]
*Kanten:* 1,5–2 cm (äusserer Rahmen), 1–1,7 cm (Feld- und Medaillonrahmen), 0,6 cm (Medaillons), unregelmässig.[21]
*Bettung:* Kalkguss (Kitt) 0,4–0,7 cm; feiner rötlicher Ziegelschrot 2–3,5 cm; Kalkmörtel mit Steinen und wenig Ziegelschrot 4,5–6,5 cm; Suspensuraplatten 56 × 56 × 4,5 cm; darunter kleinere Bodenplatten und 60 cm hohe Pfeiler aus Tonplatten.[22]
*Befund Mosaik:* Aufgrund des an vielen Stellen verstürzten Hypokausts war der darüber liegende Mosaikboden bei der Auffindung fast ganz zerstört (Abb. 38).[23]

19 Alle technischen Daten zum Mosaik stammen, wenn nicht anders vermerkt, von VON GONZENBACH 1961, 143.
20 JOOS 1985, 91.
21 Nach JOOS 1985, 91: 0,65–1,51 cm.
22 JOOS 1985, 91; Archiv Archäologie Baselland, Plan 40.222.22.
23 Dokumentation zur Erhaltung *in situ* (nicht abgebildet): Pläne 40.222.22, 40.222.31. – Fotos 40.222.6.0052–0054, 40.222.6.0067–0069, 40.222.6.0073, 40.222.6.0076, 40.222.6.0082, 40.222.6.0084–0086, 40.222.6.0099–0104; SW-Ecke 40.222.6.0073–0081; SO-Ecke 40.222.6.0067–0069; NW-Ecke 40.222.6.0057, 40.222.6.0059, 40.222.6.0060, 40.222.6.0072, 40.222.6.0068. – Weitere Fotos: 40.222.6.0035, 40.222.6.0055, 40.222.6.0057, 40.222.6.0059, 40.222.6.0060, 40.222.6.0066, 40.222.6.0071, 40.222.6.0072. – Dokumentation zu geborgenen Fragmenten unrestauriert: Fotos 40.222.6.0089–0098, 40.222.6.0105. – Dokumentation zu geborgenen Fragmenten restauriert: Fotos 40.222.6.0109–0116. – Dokumentation zur Restaurierung der 1950er-Jahre: Fotos 40.222.6.0117–0137.

**41**
Mosaik III, zeichnerische Rekonstruktion als Zentralkomposition mit neun Kreisen. Polychrome quadratische Zentralkomposition, sogenanntes Medaillonmosaik, mit breiter Rahmung aus Zweistrangflechtbändern, Wellenband und Mäandermuster. Das Quadrat wird von einem weiteren Zweistrangflechtband, einem einreihigem Peltenrapport und einem schwarzem Rahmen eingefasst. M 1:50.

Entlang der Wände und an drei Stellen im Raum waren wenige Fragmente *in situ* erhalten geblieben. Während der Benützungszeit wurde das Mosaik in der Nordwestecke anscheinend repariert: «In der Nähe der Türe zeigte sich im Mosaikboden eine mit Kalkmörtel ausgegossene Flickstelle, deren Hohlraum mit liegenden Wasserrinnen und anderem Material angefüllt war.»[24] Auf den Dias und Plänen ist diese Reparatur aber nicht identifizierbar. In der Südostecke des Raums war der Hypokaust sehr gut erhalten. Bemerkenswert ist, dass die Hypokaustpfeiler hier offenbar direkt auf dem anstehenden Boden standen.[25] Die Reste des Mosaiks sind durch Erhardt LÖLIGER stark ergänzt worden.

### 3.3.2 Beschreibung

Die Rekonstruktion von Theodor STRÜBIN und Rudolf LAUR-BELART von 1953 hat zwar im Grossen und Ganzen immer noch Gültigkeit, ist aber in einigen Details zu korrigieren oder zumindest zu diskutieren. Einerseits sind Anzahl, Grösse und Lage der Medaillons aufgrund der Vergleichsbeispiele zu hinterfragen. Andererseits lässt sich die Füllung der Zwickel und vielleicht auch der runden Bildfelder etwas ergänzen. Zudem dürfte das Mittelmedaillon kleiner gewesen sein, als STRÜBIN und LAUR-BELART annahmen, falls überhaupt eines existierte.

24 STRÜBIN/LAUR-BELART 1953, 6.
25 STRÜBIN/LAUR-BELART 1953, 6.

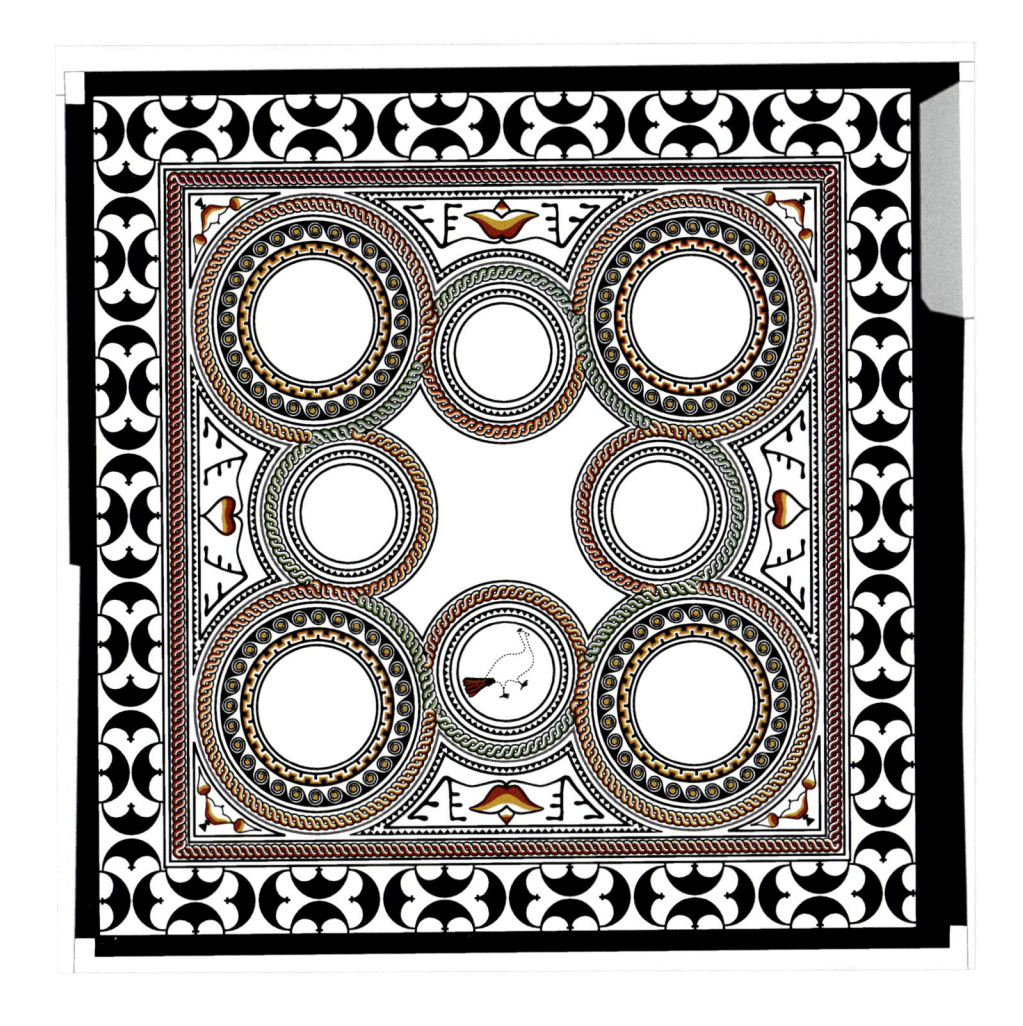

**42**
**Mosaik III, zeichnerische Rekonstruktion als Zentralkomposition mit acht Kreisen. M 1:50.**

Die polychrome quadratische Zentralkomposition besteht aus symmetrisch angeordneten Kreisen, wobei die vier in den Ecken liegenden grösser sind als die sich dazwischen anschliessenden (Abb. 41; 42). Alle Kreise des sogenannten Medaillonmosaiks weisen eine breite Rahmung auf. Die vier grossen sind identisch gerahmt. Die dazwischen liegenden kleineren Kreise haben unter sich ebenfalls identische, gegenüber den grossen aber etwas anders gestaltete Rahmen.

Da die Mittelpartie des Mosaiks vollständig zerstört ist, bleibt unklar, ob im Zentrum der Komposition ein Medaillon zu ergänzen ist (vgl. Abb. 38). Deshalb sind zwei Varianten der Rekonstruktion möglich: Variante 1 ist eine Zentralkomposition aus neun Medaillons; zwischen den vier in den Ecken liegenden sind fünf kleinere Kreise symmetrisch eingefügt. Bei Variante 2 fehlt das im Zentrum liegende Medaillon, und die Zentralkomposition setzt sich aus zweimal vier, also insgesamt acht Kreisen zusammen (Abb. 41; 42).

Die Medaillons werden von rot-gelben und grün-grauen Zweistrangflechtbändern umfasst, von denen jedes anders um die Kreise geführt ist. Die Flechtbänder sind jeweils an den Kreuzungsstellen zweier Medaillons in eines zusammengeführt. Stösst ein rot-gelbes an ein grün-graues Flechtband, wechseln die Bänder an dieser Kreuzungsstelle die Farbe, sodass ein Flechtband einmal oben und bei der nächsten Kreuzungsstelle unten zu liegen kommt. Bei Variante 1 mit neun Medaillons (Abb. 41) umfassen zwei rot-gelbe Bänder jeweils zwei sich in den Ecken gegenüberliegende grosse Kreise und den im Zentrum liegenden kleinen Kreis; das grün-graue

Band umschliesst die «Aussenseite» der vier anderen kleinen Kreise. Variante 2 mit acht Medaillons (Abb. 42) weist nur zwei Flechtbänder auf: Das rot-gelbe umfasst die vier grossen in den Ecken liegenden Kreise und die «Innenseiten» der kleinen Kreise; das grün-graue Flechtband fasst – wie bei Variante 1 – die «Aussenseite» der vier kleineren Kreise ein. Alle Flechtbänder werden innen und aussen von einem schwarzen Linienband eingefasst.

Die Rahmung der grossen Eckmedaillons innerhalb des Flechtbands wird durch ein einwärts gerichtetes schwarzes Wellenband, einen sogenannten «Laufenden Hund» gebildet, dessen verdickte Köpfchen gelb gefüllt sind. Daran schliesst innen ein rot-gelb-weisser Mäander auf schwarzem Grund an (Abb. 43).

Die kleinen Medaillons sind innerhalb des Flechtbands mit einem einwärts gerichteten Band getreppter schwarzer Dreiecke und einem doppelten schwarzen Linienband gerahmt (Abb. 44; 45).

Bei Variante 1 der Rekonstruktion ergeben sich um das Mittelmedaillon vier Zwickel in Form von Trapezen mit eingezogenen Seiten. Variante 2 weist im Zentrum ein einziges, grosses Trapez mit eingezogenen Seiten und abgeschnittenen Ecken auf. Die Füllung der Zwickel ist unbekannt, da alle Zwickel zerstört sind (vgl. Abb. 41).

Von den runden Bildfeldern sind bis auf eines alle vollständig zerstört, im erhaltenen an der Ostseite des Raums sind Füsse und Schwanzfedern eines nach rechts schreitenden Pfaus erhalten, der praktisch das ganze Bild ausgefüllt hat.

Die Rahmung der randlichen Zwickel zwischen den kleinen Medaillons besteht aus einem Band einwärts gerichteter, getreppter schwarzer Dreiecke und einem schwarzen Linienband. Zwei sind zerstört, vom Zwickel östlich des Medaillons mit dem Pfau sind der Ansatz und zwei Stängel einer rot-gelben Glockenblüte erhalten (Abb. 40). Der gleiche Bereich an der Nordseite des Mosaiks weist eine mit ihrer Spitze auf dem Linienrahmen aufsitzende rot-gelbe Herzblüte auf, die wohl ebenfalls – analog zum Zwickel an der Ostseite – mit Stängeln verbunden und von diesen eingefasst war (Abb. 46). Unter den erhaltenen Fragmenten im Funddepot sind Reste zweier Herzblüten erhalten. Dies lässt eine Rekonstruktion mit je mit einer Herzblüte an der Nord- und Südseite sowie einer Glockenblüte an der West- und Ostseite des Mosaiks zu.

Die Eckzwickel werden durch ein schwarzes Linienband eingefasst. Drei sind zerstört, im vierten, in der Nordwestecke des Raums, ist der Ansatz einer rot-gelb gefüllten Glockenblüte mit kelchfussartigem Stiel und zwei an den seitlichen Blütenblättern etwas unorganisch ansetzenden Herzblättern erhalten (Abb. 47). Eine zweite solche Blüte existiert zwar unter den erhaltenen Fragmenten im Funddepot, ist aber von Grund auf rekonstruiert. Es ist jedoch anzunehmen, dass alle vier Eckzwickel ähnlich oder identisch der erhaltenen ausgefüllt waren.

Der Rahmen, der die Zentralkomposition mit den Medaillons einfasst, besteht von innen nach aussen aus einem rot-gelben Zweistrangflechtband, einem doppelten schwarzen Linienrahmen, einem schwarz-weissen einreihigen Peltenrapport (Peltenrahmen) und einem breiten schwarzen Rahmen, der im Norden breiter und im Osten schmaler ist als an den übrigen Seiten.

### 3.3.3 Gesamtrekonstruktion

Aufgrund der vor Ort dokumentierten Mosaikbruchstücke (Abb. 48; vgl. Abb. 38) sind von den neun von Theodor STRÜBIN und Rudolf LAUR-BELART 1953 rekonstruierten Medaillons acht nachgewiesen oder aus Symmetriegründen eindeutig zu ergänzen. Ebenso sind die randlichen Zwickel zwischen den kleinen Kreisen und dem Peltenrahmen durch *in situ*-Fragmente gesichert.

↑ 43
**Mosaik III. Fragment der Nordwestecke. Rahmung des grossen Kreises: Wellenband mit gelb gefüllten verdickten Köpfchen, rot-gelbes Mäandermuster und grün-graues Zweistrangflechtband.**

↑ 44
**Fragment der Nordseite. Rahmung der kleinen Kreise: Band schwarzer getreppter Dreiecke, schwarze Linienbänder und grün-graues Flechtband. Anschliessend der Rahmen des randlichen Zwickels in Form schwarzer getreppter Dreiecke.**

↑ 45
**In einem Fragment der Ostseite sind vom Bildinhalt die Reste eines Pfaus erhalten.**

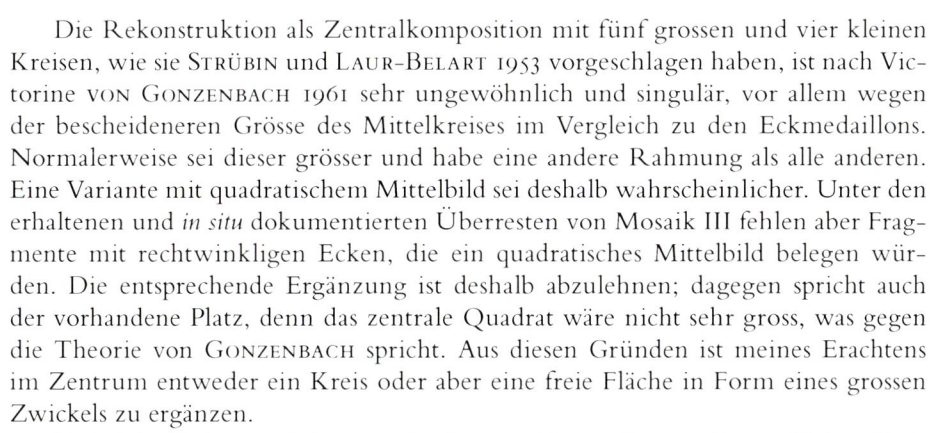

Die Rekonstruktion als Zentralkomposition mit fünf grossen und vier kleinen Kreisen, wie sie Strübin und Laur-Belart 1953 vorgeschlagen haben, ist nach Victorine von Gonzenbach 1961 sehr ungewöhnlich und singulär, vor allem wegen der bescheideneren Grösse des Mittelkreises im Vergleich zu den Eckmedaillons. Normalerweise sei dieser grösser und habe eine andere Rahmung als alle anderen. Eine Variante mit quadratischem Mittelbild sei deshalb wahrscheinlicher. Unter den erhaltenen und *in situ* dokumentierten Überresten von Mosaik III fehlen aber Fragmente mit rechtwinkligen Ecken, die ein quadratisches Mittelbild belegen würden. Die entsprechende Ergänzung ist deshalb abzulehnen; dagegen spricht auch der vorhandene Platz, denn das zentrale Quadrat wäre nicht sehr gross, was gegen die Theorie von Gonzenbach spricht. Aus diesen Gründen ist meines Erachtens im Zentrum entweder ein Kreis oder aber eine freie Fläche in Form eines grossen Zwickels zu ergänzen.

Da bei der Rekonstruktion von Strübin und Laur-Belart die randlichen Zwickel sehr langschmal sind und für ornamentale Füllungen kaum Platz bieten, ist davon auszugehen, dass die kleineren Kreise näher zur Mitte gerückt waren, wodurch die randlichen Zwickel breiter und sinnvoll gefüllt werden können. Durch das Einrücken der kleineren Kreise zur Mitte hin wird der Platz für den Mittelkreis jedoch nochmals verringert. Deshalb dürfte letzterer in Grösse und Ausgestaltung entweder den kleineren Kreisen entsprechen oder aber ganz fehlen.

Das durchlaufende Zweistrangflechtband um die Medaillons besteht aus sich kreuzenden Zweistrangflechtbändern in den Farben rot-gelb und grün-grau. Die verschiedenen Farben und ihre Lage sind durch *in situ*-Fragmente eindeutig nachgewiesen. Aufgrund der auf den Fotos dokumentierten Übergänge an den Kreuzungsstellen der Flechtbänder ist die Art der Flechtbandführung und deren Farben klar oder aus Symmetriegründen eindeutig zu ergänzen (vgl. Abb. 41; 42).

46 ⌃
Mosaik III *in situ* an der Nordseite. Im Hypokaust verstürzte Fragmente der randlichen Zwickelfüllung: Ansatz einer rot-gelben Herzblüte, die mit ihrer Spitze auf dem Linienrahmen aufsitzt und seitliche Stängel aufweist. Die Rahmung des Zwickels bilden ein Band einwärts gerichteter getreppter Dreiecke und ein schwarzes Linienband. Auf allen Seiten des Zwickels folgen Zweistrangflechtbänder.

47 ⌃
Nordwestecke mit Eckzwickel. Ansatz einer rot-gelb gefüllten Glockenblüte mit kelchartigem Stiel und zwei an den seitlichen Blütenblättern ansetzenden, wohl rot-gelb gefüllten Herzblättern.

48 ‹
Mosaik III *in situ*, Aufsicht. Durch den eingestürzten Hypokaust ist das Mosaik fast vollständig zerstört. Nur entlang den Wänden sind grössere Partien des Peltenrahmens noch in Originallage erhalten.

### 3.3.4 Rekonstruktion der runden Bildfelder

Für die Rekonstruktion des Bildinhalts der Medaillons, von denen nur der Rest eines Pfaus erhalten ist, gibt es zwei Möglichkeiten:

Variante 1: Es handelt sich um ein Orpheusmosaik mit Orpheus und Vögeln ähnlich den bekannten Beispielen wie etwa Yvonand-La Baumaz (Kt. Waadt), Mosaik II: Im zentralen Kreis ist Orpheus dargestellt, um den sich in den anderen Bildfeldern einzelne Tiere, auch ein Pfau, gruppieren (Abb. 49).

Variante 2: Alle Bildfelder sind mit einzelnen Vogeldarstellungen gefüllt, wie auf dem Pfaumosaik aus Vaison-la-Romaine (Dép. Vaucluse), im mittleren Bild ein Pfau mit schönem Rad als Beschützer vor bösen Blicken (Abb. 50; 51).

Da mythologische Darstellungen im Raurikergebiet bisher fehlen, ist Variante 2 «nur mit Vögeln» plausibler. Am ehesten ist an Vögel wie diejenigen auf den Mosaiken aus Köln oder Vaison-la-Romaine zu denken. Der Kölner Pfau ist sowohl von der Darstellung als auch von der Komposition im Bildfeld her gut mit dem Munzacher Vogel vergleichbar (Abb. 52; 53).

### 3.3.5 Rekonstruktion der Zwickelfüllungen

Die Füllung der Eckzwickel ist nur in der Nordwestecke des Mosaiks nachgewiesen: eine rot-gelb gefüllte Glockenblüte mit zwei seitlichen in Herzblättern endenden Trieben. Für die Füllung der drei anderen Eckzwickel bieten sich zwei Möglichkeiten an:

Variante 1: In allen vier Eckzwickeln befinden sich identische Glockenblüten.

Variante 2: Immer zwei diagonal sich gegenüberliegende Eckzwickel zeigen identische Glockenblüten. Diese zweite Variante wäre in Analogie zur Füllung der randlichen Zwickel (s. unten) der Variante 1 vorzuziehen, wobei das Aussehen des zweiten Glockenblütenpaars unbekannt ist. Aus Platzgründen sind aber nicht viele Variationen möglich, weshalb mit zwei sehr ähnlichen Paaren oder vielleicht doch mit vier identischen Glockenblüten zu rechnen ist.

Die Bereiche zwischen den kleinen Kreisen und dem Peltenrahmen sind aufgrund von *in situ*-Fragmenten ebenfalls zweimal mit Glockenblüten gefüllt, die seitlich lange geschwungene Stängel aufweisen. Diese Zwickel stehen sich gegenüber. Die beiden anderen randlichen Aussparungen sind mit je einer Herzblüte gefüllt, ebenfalls mit seitlichen Stängeln. Sehr gute Parallelen zu diesen Glocken- und Herzblüten sind aus Augst-Insulae 41/47, Mosaik VII (Apsismosaik) bekannt (Abb. 54b).

Zu den seitlichen Stängeln mit langen geschwungenen Trieben, die gut in die sich stark verjüngenden Zwickel passen, ist Mosaik II aus Herzogenbuchsee (Kt. Bern) ein sehr guter Vergleich (vgl. Abb. 54c).

Die Füllung der vier Zwickel um ein allfälliges Mittelmedaillon (Kap. 3.3.3, Variante 1) ist unbekannt. Aufgrund der erhaltenen Kleinfragmente im Funddepot, die alle zu Glocken- und Herzblüten gehören, ist davon auszugehen, dass auch diese vier Zwickel entsprechend gefüllt gewesen sein dürften, wie sie aus Augst-Insulae 41/47, Mosaik VII vorliegen. Die vorliegenden Teilstücke von Herz- und Glockenblüten sind fast identisch, sowohl hinsichtlich Stil als auch Farbgebung und Grösse. Die Herzblüten weisen eine Höhe von etwa 20 Zentimetern auf. Damit sie in die Zwickel passten, mussten die Zwickel grösser gewesen sein als in der Rekonstruktion von Strübin und Laur-Belart dargestellt. Dies hat zur Folge, dass der im Zentrum liegende Kreis gegenüber ihrem Vorschlag verkleinert werden musste (vgl. Abb. 41).

Bei Variante 2 der Gesamtrekonstruktion (Kap. 3.3.3) ist denkbar, dass der grosse Zwickel im Zentrum analog zu den runden Bildfeldern mit einem weiteren Vogel oder einer anderen figürlichen Darstellung gefüllt war. Ein vegetabiles Muster im

↑ 49
Orpheusmosaik von Yvonand-La Baumaz (Kt. Waadt), Mosaik II. Im zentralen Kreis sitzt Orpheus auf einem Felsen, umgeben von verschiedenen Tieren, darunter auch einem Pfau, der vor bösen Blicken schützt.

↑ 50
Mosaik aus Vaison-la-Romaine (Dép. Vaucluse). In allen Bildfeldern sind einzelne Vögel dargestellt, so auch im mittleren ein Pfau mit prächtigem Rad.

↑ 51
Detail des Pfaus im mittleren Bildfeld des Mosaiks von Vaison-la-Romaine.

zentralen Zwickel, das von bildlichen Darstellungen eingefasst wäre, ist aufgrund der Vergleichsbeispiele wenig plausibel.

### 3.3.6 Stilistische Einordnung

*Quadratische Zentralkomposition mit neun Kreisen*
Eine Zentralkomposition mit neun Kreisen (Abb. 41) wäre sehr ungewöhnlich und singulär. Zu diesem Aufbauschema ist mir keine Parallele bekannt. Die nachfolgend herangezogenen Vergleiche weisen alle ein identisches Aufbauschema auf, das mit dem Munzacher Boden aber nur entfernt verwandt ist.

*Datierung:* Aufgrund einzelner stilistischer Merkmale wie der breiten Rahmung der Bildfelder, der Zweistrangflechtbänder und der Peltenrahmen ist die gleiche Datierung wie für die anderen Mosaiken aus Munzach anzunehmen.

*Verbreitung:* singulär.

Als entfernte Entsprechungen zur quadratischen Zentralkomposition sind zwei Mosaiken anzuführen: das Bellerophonmosaik aus Avenches (Kt. Waadt; Abb. 55)[26] und das Solmosaik aus Rottweil (Kr. Rottweil; Abb. 56).[27] Bei diesen gruppieren sich horizontal und vertikal vier Kreise um ein orthogonales (Avenches) beziehungsweise übereckgestelltes (Rottweil) Mittelquadrat, zwischen denen ebenfalls hochkant gestellte Quadrate liegen, und um die sich lanzettförmige Formen anschliessen. Die Zentralkomposition wird am Rand durch Halbkreise und Dreiecke abgeschlossen. Die Medaillons sind nicht mit Flechtbändern eingefasst. Dieses Muster wird um 200 und in die erste Hälfte des 3. Jahrhunderts datiert.

Die zweite vergleichbare quadratische Zentralkomposition zu Mosaik III ist aus einem zentralen Kreis, vier Quadraten oder Viertelkreisen in den Ecken und dazwischenliegenden vier Halbkreisen gebildet. Kreise, Halbkreise und Quadrate oder Viertelkreise sind mit Flechtbändern eingefasst. Die Bildfelder können figürliche

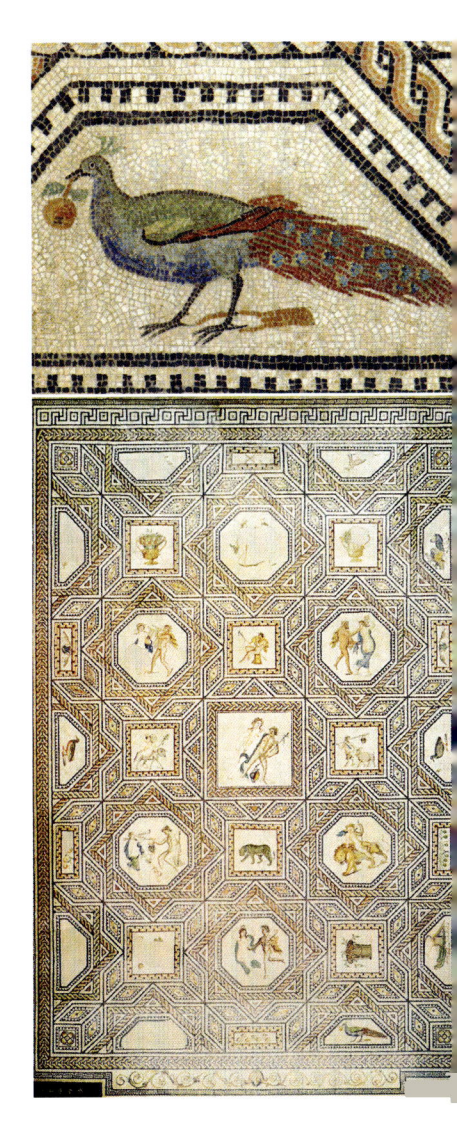

**52**
Köln, Dionysosmosaik. In einem der seitlichen Zwickelfelder ist ein Pfau dargestellt, der mit demjenigen aus Munzach sehr gut vergleichbar ist.

**53**
Gesamtansicht des Dionysosmosaiks aus Köln.

**54**
Die Zwickelfüllungen von Mosaik III (a) lassen sich als Herz- und Glockenblüten mit seitlichen Stängeln und langen geschwungenen Trieben rekonstruieren. Gute Vergleichsbeispiele liegen aus Augst-Insulae 41/47, Mosaik VII (b) und aus Herzogenbuchsee (Kt. Bern), Bellerophonmosaik (c) vor.

---

26 VON GONZENBACH 1961, 45 f., Taf. 70; REBETEZ 1997, 52; DELBARRE-BÄRTSCHI 2014b, 205, Taf. 15 (Ende 2.–Anf. 3. Jh.).

27 PARLASCA 1959, 96–99, Taf. 94 (um 200 n. Chr.); RÜSCH 1981, 14 f., Abb. 3; 51 f., Abb. 24.

**55**
Avenches (Kt. Waadt), Bellerophonmosaik. Quadratische Zentralkomposition mit orthogonalem Mittelquadrat, in dem Bellerophon zu sehen ist. Um ihn herum sind in den Kreisen vier Tubabläser und in den weiteren Bildfeldern verschiedene Tiere dargestellt.

Darstellungen, darunter vor allem Figuren und Vögel, oder Rankenmotive enthalten. Diese Zusammenstellung ist gewissermassen ein Ausschnitt aus der Zentralkomposition von Mosaik III: Die acht um den Mittelkreis gruppierten Kreise sind alle zur Hälfte angeschnitten. Oder umgekehrt: Der Aufbau ist bei Mosaik III in Munzach so ergänzt, dass alle randlich angeschnittenen Kreise als ganze Kreise wiedergegeben sind. Anhand der Vergleichsbeispiele lässt sich diese Zentralkomposition in die zweite Hälfte des 2. und in die erste Hälfte des 3. Jahrhunderts datieren, mit einem Schwerpunkt am Ende des 2. und im frühen 3. Jahrhundert n. Chr. Vergleiche finden sich in Herzogenbuchsee (Kt. Bern), Bellerophonmosaik, mit Quadraten in den Ecken (Abb. 57);[28] Yvonand-La Baumaz (Kt. Waadt), Mosaik I, mit Quad-

---

28  BOLLIGER SCHREYER 2006, 54 f., Nr. 20, Abb. 66 (Ende 2./Anfang 3. Jh.); DELBARRE-BÄRTSCHI 2014b, 247, Taf. 36,1: Kreise und Quadrate mit Zweistrangflechtband und Blütenranke, Mittelkreis zusätzlich mit getreppten Dreiecken sehr breit eingefasst. Zwickel mit Glockenblüten mit seitlichen Trieben gefüllt auf viel weissem Grund. Betonung des weissen Grunds. Rahmung mit einreihigem schwarz-weissem Peltenrapport. In den Bildfeldern befinden sich Tiere und Figuren: im Mittelbild Bellerophon auf dem geflügelten Pferd Pegasus nach rechts, in einem Halbkreis ein Tiger und in einem weiteren das Hinterteil eines Bären. In einem Eckquadrat ist die Büste eines bärtigen Mannes dargestellt. Die restlichen Bilder sind nicht erhalten.

**56**
Rottweil (Kr. Rottweil), Solmosaik. Kolorierte Zeichnung des heute verschollenen Mosaiks nach dessen Auffindung im Jahr 1784. Quadratische Zentralkomposition mit übereckgestelltem Mittelquadrat. In einem der Kreise war ursprünglich Sol dargestellt. Die anderen Bildfelder zeigen vegetabile und geometrische Muster.

raten in den Ecken;[29] Avenches (Kt. Waadt), 5.10, mit Quadraten in den Ecken;[30] Unterlunkhofen (Kt. Aargau), Mosaik I, mit Viertelkreisen in den Ecken (Abb. 59);[31] Laufenburg (Kr. Waldshut), Westhalle, mit Viertelkreisen in den Ecken;[32] Trier-

29 BOLLIGER SCHREYER 2006, 49; DELBARRE-BÄRTSCHI 2014b, 282, Taf. 55,1 (frühes 3. Jh.): Doppelter Rahmen aus Blütenranke und zweireihigem Peltenrapport. In den Bildfeldern Tiere und Figuren: Im Mittelbild Orpheus die Leier spielend, umgeben von Löwe, Eichhörnchen, Vogel und Pfau, in den Halbkreisen zweimal ein Panther, ein Bär und ein Pferd, in den Eckquadraten Hirsch, Reh, Steinbock und Ziege, in den Zwickeln je ein Vogel.
30 VON GONZENBACH 1961, 59, Taf. 7 (zweite Hälfte 2. Jh.): im Mittelkreis, in je zwei seitlichen Halbkreisen und in je zwei Eckquadraten Rosetten, in den anderen seitlichen Halbkreisen je eine Herz- und Glockenblüte, in den anderen beiden Eckquadraten Salomonsknoten.
31 VON GONZENBACH 1961, Taf. 21 (letztes Viertel 2. Jh.): im Mittelkreis Seestier, in den seitlichen Halbkreisen je ein Hippokamp, im oberen und unteren Halbkreis je ein Delfin, in den Ecksegmenten Viertelmuscheln, in den Rhomben dazwischen Salomonsknoten. Oberer Rahmen einreihiger Peltenrapport, unterer Rahmen Schuppenrapport. Keine Flechtbänder.
32 PARLASCA 1959, Taf. 13 (Mitte 2. Jh.): Füllung der Viertelkreise und Rhomben dazwischen identisch mit Unterlunkhofen, Mosaik I. Bildfelder nicht erhalten. Seitlicher Rahmen aus Halbkreisen. Keine Flechtbänder.

**57**
Herzogenbuchsee (Kt. Bern), Bellerophonmosaik. Quadratische Zentralkomposition mit Quadraten in den Ecken; im zentralen Kreis ist Bellerophon dargestellt.

Olewiger Strasse, «Dionysos-Mosaik», mit Viertelkreisen in den Ecken.[33] Dieses Aufbauschema geht nach Victorine von Gonzenbach auf südgallische Vorlagen zurück.[34]

*Quadratische Zentralkomposition mit acht Kreisen*
Die Zentralkomposition mit acht Kreisen (vgl. Abb. 42) tritt – wie diejenige mit neun Kreisen – ebenfalls sehr selten auf. Der einzige gute Vergleich ist das Diana-Mosaik aus El Djem (Gouv. Mahdia, Tunesien; Abb. 60). Wie Mosaik III in der Variante 2 setzt sich die Zentralkomposition aus vier grossen in den Ecken liegenden

---

33  Hoffmann et al. 1999, 136 f., Kat. 100, Taf. 59 f. (Mitte 3. Jh.): Figürliche Darstellungen im Mittelkreis evtl. Dionysos mit Ariadne und weitere Figuren, in den Halbkreisen und Rhomben weitere Figuren aus dem dionysischen Umfeld. Seitlicher Rahmen Peltenrapport. Flechtbandeinfassungen der Bildfelder. Mäander als Einfassung der Halbkreise und Viertelkreise. Breite Rahmung der Bildfelder.

34  von Gonzenbach 1961, 59. 272.

**58**
Trier-Walramsneustrasse, Bacchus-Mosaik. Quadratische Zentralkomposition mit vier Eckovalen und unregelmässigem Oktogon im Zentrum.

**59**
Unterlunkhofen (Kt. Aargau), Mosaik I. Quadratische Zentralkomposition mit Viertelkreisen in den Ecken und Darstellung von Meerestieren.

und vier kleineren, dazwischen eingefügten Kreisen zusammen. In der Mitte ergibt sich ein an den Seiten eingezogenes und an den Ecken beschnittenes Quadrat respektive ein unregelmässiges Oktogon mit vier konkaven Seiten. Dargestellt sind im Mittelbild Diana auf der Jagd, in den grossen Kreisen Jagdszenen und in den kleinen einzelne Vögel. Alle acht Kreise sind auf die gleiche Weise wie in Munzach mit breiten Flechtbändern eingefasst, und die randlichen Zwickel zeigen Glockenblüten mit langen, geschwungenen Stängeln, ähnlich den Munzacher Zwickelfüllungen – eine weitere Parallele zu Mosaik III.

Mosaik III von Munzach aufgrund des erhaltenen Pfaus analog als Diana-Mosaik zu deuten, ist ebenso gewagt wie die oben formulierte Hypothese einer Orpheus-Darstellung. Das Aufbauschema des Diana-Mosaiks aus El Djem, das ins 3. Jahrhundert datiert, ist hingegen die beste mir bekannte Analogie (Abb. 60).[35] Entfernt vergleichbar ist das Aufbauschema des Bacchus-Mosaiks aus Trier (Abb. 58), das aber keine Kreise aufweist, sondern aus einer Zentralkomposition mit vier Ovalen in den Ecken und vier dazwischenliegenden unregelmässigen Vierecken besteht. Das zentrale Mittelbild ist ein unregelmässiges Oktogon mit vier konkaven

---

35 YACOUB 1993, 273, Abb. 201; BALMELLE ET AL. 2002, Taf. 404c.

Seiten, in dem Bacchus dargestellt ist. Alle Bildfelder im Trierer Mosaik sind von Flechtbändern eingefasst.[36]

*Pfau*

Die Darstellung von Pfauen zusammen mit anderen Vögeln ist einerseits von Orpheusmosaiken bekannt und tritt andererseits in Zusammenhang mit dionysischen Szenen auf. Oft ist der Pfau aber nur eine Füllfigur in Medaillonmosaiken, zusammen mit anderen Vögeln und Vierfüssern.[37] Da bis heute mythologische Darstellungen im Raurikergebiet nicht nachgewiesen sind, ist die Interpretation des Pfaumosaiks von Munzach als Orpheusmosaik eher unwahrscheinlich. Darüber hinaus gilt der Pfau als gutes Omen, denn die vielen «Augen» seiner Schwanzfedern schützen vor bösen Blicken.

Der bis heute einzige weitere Beleg eines Pfaus im Gebiet der heutigen Schweiz ist auf dem Orpheusmosaik von Yvonand (Kt. Waadt) dokumentiert. In Gallien ist er hingegen im späteren 2. und früheren 3. Jahrhundert eine sehr beliebte Darstellung. Andere Vogelarten sind in der Westschweiz und in Gallien häufig, in Augusta Raurica viermal nachgewiesen.[38]

*Vergleiche Augst:* kein Pfau nachgewiesen.

*Weitere Vergleiche:* Yvonand-La Baumaz, Mosaik I: Im Mittelbild Orpheus die Leier spielend, umgeben von Löwe, Eichhörnchen, Vogel und Pfau nach links, der zurückschaut und dessen Schwanzfeder von Orpheus verdeckt ist. Der dargestellte Pfau ist kein guter Vergleich zum Munzacher Vogel, ist bisher aber die einzige Darstellung eines Pfaus im Gebiet der heutigen Schweiz.[39]

Köln, Dionysosmosaik: Medaillonmosaik mit verschiedenen dionysischen Figuren und Begleittieren. In einem Bildfeld Pfau nach links mit langem Schwanz. In einem weiteren Bildfeld ein auf einem Esel oder Maultier reitender Silen. Der Kölner Pfau ist eine sehr gute Parallele zu Munzach (vgl. Abb. 52).[40]

Aus der Gegend von Vienne (Dép. Isère) gibt es eine Vielzahl von Vogeldarstellungen, darunter auch Pfauen, beispielsweise in Saint-Romain-en-Gal (Dép. Rhône): Medaillonmosaik aus 44 Achteckfeldern mit Tierdarstellungen um ein zentrales Quadrat, in dem Orpheus dargestellt ist. Unter den Tieren verschiedene Vögel, darunter ein nach rechts schreitender Pfau.[41]

*Datierung:* späteres 2. bis frühes 3. Jahrhundert.

*Verbreitung:* im Gebiet der heutigen Schweiz selten, in Gallien häufig belegt.

---

36 HOFFMANN ET AL. 1999, 158–160, Taf. 88, Nr. 144. Datierung: gegen Mitte 3. Jh.

37 VON GONZENBACH 1961, 143; JOOS 1985, 89.

38 Vergleiche Augusta Raurica: Augst-Insula 1, Mosaik I: Rest einer Schwanzfeder? Bildrahmen nicht erhalten. – Augst-Kastelen, Slg. STEHLIN: drei Fragmente mit Resten von möglichen Vögeln, Bildrahmen nicht erhalten, nicht weiter interpretierbar. – Augst-Insula 24, Mosaik II: Kopf eines Hahns nach rechts, Bildrahmen nicht erhalten, nicht vergleichbar. – Augst-Insula 28, Mosaik I: zwei fragmentierte Vögel. Einer davon zwei Füsse nach rechts, Bildrahmen nicht erhalten, wohl kein Pfau, nicht vergleichbar. Zweites Fragment, Flügelansatz, Bildrahmen nicht erhalten, nicht weiter interpretierbar. – Weitere Vergleiche: Avenches, Winde-Vielmustermosaik, bunter Vogel nach rechts, in Quadratbild (um 250): VON GONZENBACH 1961, 48, Taf. 72. – Avenches, Jahreszeitenmosaik, Vogel mit Kirschzweig nach rechts, Bild fragmentiert: VON GONZENBACH 1961, 58, Taf. 45 (200–225 n. Chr.). – Oberweningen (Kt. Zürich), Mosaik I, drei Vögel nach links einzeln in Quadratbild (spätantoninisch): VON GONZENBACH 1961, 169, Taf. 19. – Zu Vögeln auf Mosaiken allg. vgl. SCHMID 1993, 81. 191 mit Literatur.

39 BOLLIGER SCHREYER 2006, 49; DELBARRE-BÄRTSCHI 2014b, 282, Taf. 55,1 (frühes 3. Jh.).

40 PARLASCA 1959, 75–78, Taf. 66 (Gesamtansicht), Taf. 75 (Esel) und Taf. 79 (Pfau) (um 220 n. Chr.).

41 LANCHA 1981, 226–229, Nr. 372, Taf. 124 (Anfang 3. Jh.?). Vom Mosaik sind nur noch drei Achteckfelder erhalten, dasjenige mit dem Pfau ist heute verloren.

60
El Djem (Gouv. Mahdia, Tunesien), Diana-Mosaik. Quadratische Zentralkomposition mit acht Kreisen um ein zentrales Bild. Im Zentrum die jagende Diana, in den Kreisen Jagdtiere und Vögel.

*Ornamentale Zwickelfüllungen*
Als ornamentale Zwickelfüllungen sind folgende Blüten vertreten:
Glockenblüte in den vier Eckzwickeln, evtl. zwei verschiedene Paare, die sich diagonal gegenüberliegen (Mosaik III und Mosaik IV),
Je zwei Glocken- und zwei Herzblüten mit langen, seitlichen Stängeln und Trieben in den randlichen Zwickeln, die sich gegenüberliegen (Mosaik III),
Je zwei Glocken- und zwei Herzblüten mit langen, seitlichen Stängeln und Trieben in den Zwickeln um den Mittelkreis (Mosaik III, Variante mit neun Kreisen).
Da diese Herz- und Glockenblüten in Grösse und Stil in fast identischer Ausführung in Augst-Insulae 47/47 vorkommen, liegt die Vermutung nahe, dass sie aus derselben Werkstatt stammen. Sowohl im Gebiet der heutigen Schweiz als auch in Gallien und Germanien sind Blüten sehr ähnlicher Form im frühen 3. Jahrhundert sehr beliebt und weit verbreitet.
*Vergleiche Augst:* Insulae 41/47, Mosaik VII, rot-gelbe Glockenblüte in Zwickel, rot-gelbe und grün-graue Glockenblüte im Wechsel mit Herzblüte in Fries; sehr guter Vergleich, in Grösse und Stil fast identisch, wohl gleiche Werkstatt. Insula 30, Gladiatorenmosaik, rot-gelbe Glockenblüte in Zwickel und in Fries.
*Weitere Vergleiche:* Herzogenbuchsee (Kt. Bern), Mosaik II, einfache rot-gelb gefüllte Glockenblüte mit seitlichen Blatttrieben und Stängeln. Zwickel mit doppeltem schwarzem Linienband eingefasst; sehr guter Vergleich, besonders für die seitlichen Stängel.[42] Darüber hinaus viele weitere Vergleiche in Gallien und Germanien, sehr beliebtes Motiv.

42 BOLLIGER SCHREYER 2006, 55 (Ende 2./Anfang 3. Jh.).

*Datierung:* frühes 3. Jahrhundert.
*Verbreitung:* sehr verbreitet.

*Peltenrahmen, einreihig*

Der Peltenrahmen, dessen Breite durch die Höhe einer stehenden Pelte bestimmt wird, weist ans Ende des 2. und ins frühe 3. Jahrhundert. In Augusta Raurica tritt er viermal auf. Im Süden und in Zentralgallien ist das Muster unbekannt, sehr beliebt und häufig jedoch im Treverergebiet und in Germanien.

*Vergleiche Augst:* Insula 1, Mosaik I, halbreihiger Rahmen mit der Breite einer liegenden Pelte; Kastelen, Slg. STEHLIN, halbreihiger Rahmen; Insula 5, eine Peltenreihe erhalten; Insula 10, Mosaik II, eine fragmentierte schwarz-weiss-gelbe Peltenreihe erhalten.

*Weitere Vergleiche:* Avenches (Kt. Waadt), 5.35, Mosaik I, einreihiger Rahmen, die querstehenden Peltenpaare sind mit den Spitzen gegeneinander gerichtet; Avenches, 5.60, Mosaik I, einreihiger Rahmen; Herzogenbuchsee (Kt. Bern), Mosaik II, Bellerophonmosaik, einreihiger Rahmen um quadratisches Mittelfeld; Unterlunkhofen (Kt. Aargau), Mosaik I, einreihiger Rahmen als Annex neben quadratischem Mittelfeld, Annex auf Gegenseite aus schwarz-weissem Schuppenrapport gebildet; Yvonand-La Baumaz (Kt. Waadt), Mosaik II, zweireihiger Rahmen um quadratisches Mittelfeld.[43]

*Datierung:* Ende 2. und frühes 3. Jahrhundert.

*Verbreitung:* Pelten sind im Süden und in Zentralgallien unbekannt, aber sehr häufig im Treverergebiet und in Germanien.[44] Der einreihige Rahmen ist viermal in Augst und als Flächenrapport zweimal in Augst-Insulae 41/47, Mosaiken IV und V nachgewiesen.[45] Die beiden Flächenrapporte sind zusammen mit demjenigen von Vallon (Kt. Freiburg), Venatio-Mosaik, die einzigen Peltenrapporte im Gebiet der heutigen Schweiz.[46]

*Zweistrangflechtband*

Das Zweistrangflechtband ist sehr weit verbreitet und beliebt auf Medaillonrapporten und Zentralkompositionen des späteren 2. und 3. Jahrhunderts. Es ist auch in Augusta Raurica sehr häufig.

*Vergleiche Augst:* Kastelen, Slg. STEHLIN, Zweistrangflechtband rot-gelb, das sich in einem Winkel von ungefähr 60 Grad gabelt; Insula 28, Mosaik I, rot-gelb; Insula 30, Gladiatorenmosaik, rot-gelb, grün-grau, rot-rot; Insula 36, rot-gelb, rot-rot; Insula 27, rot-gelb; Insulae 41/47, Mosaik VII, rot-gelb. Im selben Mosaik drei verschieden farbige, rot-gelbe, grün-graue und rot-gelbe Zweistrangflechtbänder analog zu Munzach, Mosaik III. Ähnlich wie in Munzach kreuzen sich zwei durchlaufende rot-gelbe und rot-rote Flechtbänder und die Gladiatorenbilder sind je mit einem grün-grauen und das Mittelmedaillon mit einem rot-gelben Flechtband gerahmt.

---

43  Avenches, 5.35, Mosaik I: VON GONZENBACH 1961, 77, Taf. 6; DELBARRE-BÄRTSCHI 2014b, 212, Taf. 21 (Ende 2./Anfang 3. Jh.?). – Avenches, 5.60, Mosaik I: DELBARRE-BÄRTSCHI 2014b, 222, Taf. 26,3 (Mitte 2. Jh.?). – Herzogenbuchsee, Mosaik II, Bellerophonmosaik: VON GONZENBACH 1961, 116–118, Taf. 24 (Wende zum 3. Jh.). – Unterlunkhofen, Mosaik I: VON GONZENBACH 1961, 218, Taf. 21 (175–225 n. Chr.). – Yvonand-La Baumaz, Mosaik II: VON GONZENBACH 1961, 236, Taf. 39 (frühes 3. Jh.).

44  SCHMID 1993, 196; DELBARRE-BÄRTSCHI 2014b, 58.

45  Zum Peltenrapport allg. vgl. SCHMID 1993, 55 f. mit Literatur.

46  Zu Vallon, Venatio-Mosaik, Flächenrapport als Annexmosaik in der Apsis: REBETEZ 1992, 25, Abb. 27; FUCHS 2000, 35–38, Abb. 30–32; AGUSTONI/WOLF 2005 (severisch, frühes 3. Jh.).

*Weitere Vergleiche* (Auswahl): Herzogenbuchsee (Kt. Bern), Mosaik II; Schleitheim (Kt. Schaffhausen), Mosaik I; Avenches, Winde-Vielmustermosaik; Avenches, Gansmosaik; Yvonand-La Baumaz, Mosaik II; Orbe (Kt. Waadt), Mosaik II.[47]

*Datierung:* Das Zweistrangflechtband ist ein Leitornament der Medaillonrapporte und Zentralkompositionen des späteren 2. und 3. Jahrhunderts.[48]

*Verbreitung:* sehr verbreitet.

*Getreppte Dreiecke*

Das Band getreppter Dreiecke tritt seit dem 2. Jahrhundert sehr häufig und weit verbreitet in Kombination mit weiteren Mustern auf; es ist auch in Augusta Raurica äusserst beliebt.

*Vergleiche Augst:* Insula 32, Mosaik II, Quadratfelderschema; Insula 5, Peltenrapport; Insula 24, Mosaik I; Insula 28, Mosaik II; Insula 28, Mosaik III, Dreifeldermosaik, Rahmung des Kreises im Mittelbild; Kastelen, Slg. STEHLIN; Insulae 41/47, Mosaiken III, IV, VI und X.

*Datierung:* seit dem 2. Jahrhundert häufig.

*Verbreitung:* sehr weit verbreitet. Oft kombiniert mit weiteren Mustern, häufig bei mehreren Mosaiken am selben Ort auftretend, zum Beispiel in Augst, Avenches, Orbe und Vallon.[49]

*Wellenband oder Laufender Hund*

Das Wellenband oder der Laufende Hund ist seit der Mitte des 2. Jahrhunderts im Gebiet der heutigen Schweiz belegt und besonders im Helvetiergebiet sehr beliebt. In Augusta Raurica ist das Motiv nur gerade einmal nachgewiesen.

*Vergleiche Augst:* Insula 28, Mosaik III, fragmentiert. Einziger Nachweis in Augst.

*Weitere Vergleiche:* Avenches, Gansmosaik; Avenches, Jahreszeitenmosaik; Avenches, 5.35; Avenches, 5.57, Mosaik I; Avenches, 5.20 AI; Orbe, Mosaik III; Orbe, Mosaik IX; Schleitheim, Mosaik I; Windisch (Kt. Aargau), 136.2.[50]

*Datierung:* In der Schweiz ist das Motiv nicht vor der Mitte des 2. Jahrhunderts n. Chr. bezeugt.[51]

*Verbreitung:* sehr weit verbreitet. In der Schweiz meist einreihig.

*Polychromer Mäander auf schwarzem Grund*

Der farbige Mäander auf schwarzem Grund ist bislang im Gebiet der heutigen Schweiz nur gerade in Munzach nachgewiesen. Hingegen tritt er seit der ersten Hälfte des 3. Jahrhunderts im Rheinland und besonders in Trier häufig auf.

---

47   Herzogenbuchsee, Mosaik II, Wende zum 3. Jh.: VON GONZENBACH 1961, 118, Taf. 24. – Schleitheim, Mosaik I, um 150 bzw. drittes Viertel 2. Jh.: VON GONZENBACH 1961, 212, Taf. 13. – Avenches, Winde-Vielmustermosaik, um 250: VON GONZENBACH 1961, 48, Taf. 73. – Avenches, Gansmosaik, rot-weiss, zweite Hälfte 3. Jh.: REBETEZ 1997, 76 f., Kat. 22. – Yvonand-La Baumaz, Mosaik II, frühes 3. Jh.: VON GONZENBACH 1961, 236, Taf. 39. – Orbe, Mosaik II, 200–225 n. Chr.: VON GONZENBACH 1961, 174, Taf. 49.

48   Zum Zweistrangflechtband allg. vgl. SCHMID 1993, 65 mit Literatur.

49   DELBARRE-BÄRTSCHI 2014b, 44.

50   Avenches, Gansmosaik, VON GONZENBACH 1961, 57, Taf. 14 (drittes Viertel 2. Jh.); REBETEZ 1997, 76 f., Kat. 22 (zweite Hälfte 3. Jh.). – Avenches, Jahreszeitenmosaik, 200–225 n. Chr.: VON GONZENBACH 1961, 58, Taf. 45. – Avenches, 5.35, Ende 2./Anfang 3. Jh. (?): DELBARRE-BÄRTSCHI 2014b, 212, Taf. 21. – Avenches, 5.57, Mosaik I, 120–200 n. Chr. (?): DELBARRE-BÄRTSCHI 2014b, 219 f., Taf. 24,7. – Avenches, 5.20, Ende 2. Jh.: REBETEZ 1997, 32, Abb. S. 32. – Orbe, Mosaik III, 200–225 n. Chr.: VON GONZENBACH 1961, 177, Taf. 55. – Orbe, Mosaik IX, 170–190 n. Chr.: DELBARRE-BÄRTSCHI 2014b, 264 f., Taf. 46. – Schleitheim, Mosaik I, drittes Viertel 2. Jh.: VON GONZENBACH 1961, 212, Taf. 13. – Windisch, 136.2, spätestes 2. bzw. frühes 3. Jh.: VON GONZENBACH 1961, 230–232, Abb. S. 231.

51   DELBARRE-BÄRTSCHI 2014b, 46; zum Laufenden Hund allg. vgl. Schmid 1993, 89 mit Literatur.

**↑ 61**
Mosaik IV, zeichnerische Rekonstruktion. Kartierung der *in situ* erhaltenen Fragmente.

**› 62**
Mosaik IV, Lage innerhalb des Gutshofs: Wohnraum mit Teilhypokaust, Raum F.

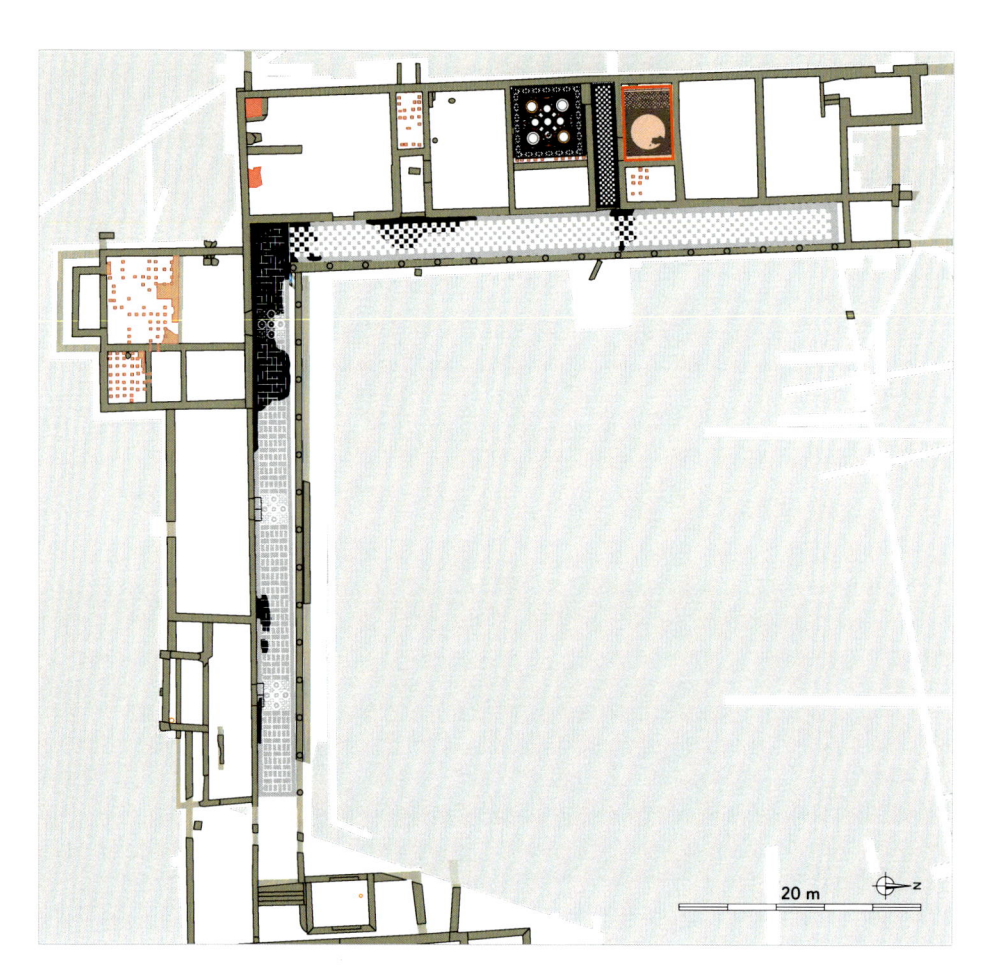

*Vergleiche Augst:* in Augst nicht belegt.

*Weitere Vergleiche:* Avenches, Zodiacusmosaik, Mäander plastisch oder dreidimensional dargestellt, als randlicher geradliniger Fries, kein guter Vergleich; Avenches, Bellerophonmosaik, Mäander plastisch oder dreidimensional dargestellt, als Rahmung von übereckgestellten Vierecken, kein guter Vergleich. Viele gute Vergleiche aus dem Rheinland und aus Trier.[52]

*Verbreitung:* Der Mäander von Mosaik III ist singulär im Gebiet der heutigen Schweiz. Die beiden plastisch gestalteten Mäander des Zodiacusmosaiks und des Bellerophonmosaiks von Avenches sind nur entfernt vergleichbar. Seit der ersten Hälfte des 3. Jahrhunderts ist der farbige Mäander auf schwarzem Grund im Rheinland, besonders in Trier, sehr beliebt und zeigt, dass die Munzacher Mosaiken auch von den germanischen Werkstattkreisen beeinflusst waren.[53]

---

52  Avenches, Zodiacusmosaik: VON GONZENBACH 1961, 43–45, Taf. 79 (250–300 n. Chr.). – Avenches, Bellerophonmosaik: VON GONZENBACH 1961, 47, Taf. 70 (200–250 n. Chr.). – Köln, Gladiatorenmosaik (schwarz-weiss, geradlinige randliche Rahmung), PARLASCA 1959, 82–84, Taf. 83 (Anfang 4. Jh.); wenig guter Vergleich. – Viele sehr gute Vergleiche aus Trier, z. B. Neustrasse, «Musen-Mosaik» (Rahmung von viereckigen Bildfeldern), HOFFMANN ET AL. 1999, 134 f., Kat. 98, Taf. 54–58 (Mitte 3. Jh.). – Trier-Olewiger Strasse, «Dionysos-Mosaik» (Rahmung von halbkreis- und viertelkreisförmigen Bildfeldern), HOFFMANN ET AL. 1999, 136 f., Kat. 100, Taf. 60 f. (Mitte 3. Jh.). – Trier-Ostallee, ornamentales Fragment (Rahmung eines rhombenförmigen Bildfelds), HOFFMANN ET AL. 1999, 137 f., Kat. 101, Taf. 62 (3. Jh.?). – Trier-Südallee (Rahmung eines Kreises), HOFFMANN ET AL. 1999, 155 f., Kat. 135, Taf. 84 f. (erste Hälfte 3. Jh.).

53  VON GONZENBACH 1961, 47. 145; HOFFMANN ET AL. 1999, 52, Motiv 60b.

*Breite Rahmung der Bildfelder*
Die breite Rahmung der Bildfelder ist ein beliebtes stilistisches Mittel bei Medaillonmosaiken und Zentralkompositionen des späteren 2. und 3. Jahrhunderts in Gallien und Germanien. Ein schönes Beispiel ist das Gladiatorenmosaik aus Augst-Insula 30.

*Augster Vergleiche:* Insula 30, Gladiatorenmosaik.

*Weitere Vergleiche:* Avenches, Dionysosmosaik, achteckige Bildfelder mit unterschiedlichsten Rahmungen; Avenches, Gansmosaik, Kreis in Quadrat, Rahmung des Kreises doppeltes schwarzes Linienband, schwarzer Laufender Hund, doppeltes schwarzes Linienband, rot-gelbes Zweistrangflechtband, schwarzes Linienband, Gans aus Krater trinkend, in den Eckzwickeln Fische und ein Vogel, an zwei Seiten Verbreiterung des Quadrats durch ein schwarzes Litzenband; Herzogenbuchsee, Mosaik II und Yvonand-La Baumaz, Mosaik I (Abb. 49); Vallon, Venatio-Mosaik.[54]

*Datierung:* späteres 2. und 3. Jahrhundert n. Chr.

*Verbreitung:* in Gallien und Germanien sehr verbreitet. Das Motiv ist typisch für Medaillonmosaiken und Zentralkompositionen.[55]

## 3.4 Mosaik IV, Quadrigamosaik

### 3.4.1 Technische Daten, Befund und Erhaltung

*Entdeckung:* 1950.
*Ausgrabung:* 1952.
*Raum:* Wohnraum mit Teilhypokaust, Raum F.[56] Die Westhälfte unter dem Kreuzblütenrapport war nicht hypokaustiert, sondern aufgeschüttet (Abb. 62).
*Absolute Höhen:* 327,19 m ü. M. (Südostecke), 326,28–30 m ü. M. (Oberkante des Hypokaustbodens). Die rekonstruierte Höhe des Mosaiks lag bei 327,19 m ü. M.
*Durchgang/Eingang:* Es gibt einen Durchgang zu Raum B mit Mosaik II in der Südostecke des Raums.
*Wände:* roter Verputz an der Süd- und Ostwand.
*Masse Raum:* 4 m (Raummitte)–4,18 m (Ost-/Westwand) × 6,18 m.
*Masse Mosaik:* 3,9 m (West)–3,95 m (Ost) × 5,65 m, Durchmesser des Medaillons 3,25 m, entspricht der Länge des Flechtbandquadrats, Fläche 22 m².
*Masse in römischen Fuss (29,6 cm):* 13 pR (3,85 m) × 19 pR (5,62 m). Durchmesser des Medaillons 11 pR (3,256 m), Durchmesser der Kreuzblüten: 1,5 pR (0,44 m).
*Stein:* schwarz (Stinkkalk), weiss (Oolith), grün? (Prasinit), hellgrau (Marmor), dunkelrot, hellrot, karmin, braun (alle Kalkstein), tiefschwarz. Nach Marcel Joos wurde für die tiefschwarzen Steine kein Glas, sondern Kieselschiefer (Lydit) verwendet.[57]

63
Mosaik IV *in situ*. Fragment des Vierergespanns mit den erhaltenen Pferden mit weissem Zaumzeug; Wagen und Lenker mit Peitsche fehlen. Vor der Quadriga (Pfeil) ist der Rest eines wohl einzelnen losen Wagenrads erhalten.

---

54 Avenches, Dionysosmosaik, um 250 n. Chr.: von Gonzenbach 1961, 41 f., Taf. 78 f. – Avenches, Gansmosaik, zweite Hälfte 3. Jh.: Rebetez 1997, 76 f., Kat. 22. – Herzogenbuchsee, Mosaik II und Yvonand-La Baumaz, Mosaik I: s. oben. – Vallon, Venatio-Mosaik, severisch, frühes 3. Jh.: Rebetez 1992, 25, Abb. 27; Fuchs 2000, 35–38, Abb. 30–32; Agustoni/Wolf 2005.

55 von Gonzenbach 1961, 145.

56 Der Teilhypokaust von Mosaik IV ist in der westlichen Hälfte ähnlich konzipiert wie in Augst-Insula 30, Mosaik II (Schuppenrapport); Schmid 1993, 95: entlang der Nord- und der Südseite des Raums je eine quer zum Raum eingezogene, in den Hypokaust integrierte Steinpackung anstelle des Hypokausts; nur der mittlere Teil mit *pilae* hypokaustiert. Dies erklärt, wieso nur die mittlere Partie des Bodens eingestürzt ist.

57 Joos 1985, 91.

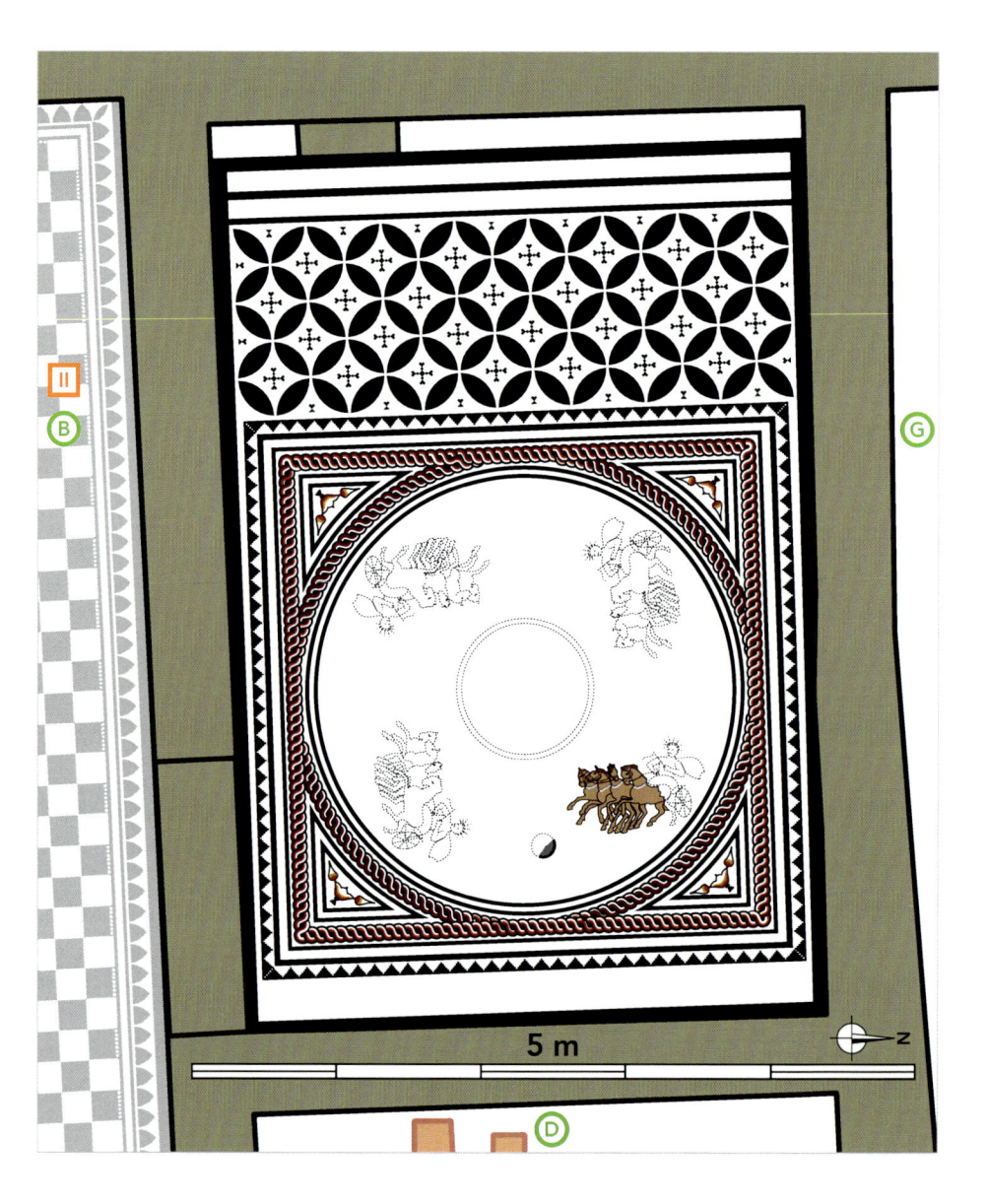

**64**
Mosaik IV, zeichnerische Rekonstruktion. Polychrome Zentralkomposition, bestehend aus einem Quadrat mit einbeschriebenem Kreis, die beide von einem rot-gelben Zweistrangflechtband eingefasst werden. Im Kreis fand sich die Darstellung eines Wagenrennens, von der in der nordwestlichen Fläche des Kreises die Überreste einer Quadriga erhalten sind. Auf der Westseite Annex: schwarz-weisser, diagonaler Kreuzblütenrapport. M 1:50.

*Kanten:* 1 – 2 cm (Rapport), 1 – 1,2 cm (Quadratfeldrahmen), 0,3 – 0,8 cm (Bild).[58]
*Bettung:* wohl wie Mosaik III.[59]
*Befund Mosaik:* Der Hypokaust des Raums war an vielen Stellen eingestürzt (Abb. 61).[60] Das Mosaik ist deshalb fast vollständig zerstört. Nur das Fragment mit der Quadriga in der Nordostecke und der Kreuzblütenrapport in der nicht hypokaustierten Nordwestecke sowie einzelne Partien des Bodens entlang der Wände waren *in situ* erhalten. Sie erlauben zumindest eine Rekonstruktion der Gesamtdisposition des Mosaiks. «Auffallend aber ist, dass zwischen den Hypokaustpfeilern sozusagen keine Mosaikreste lagen. Sie wurden bei der Zerstörung also weggeräumt.»[61] Es fragt

58  Joos 1985, 91: 0,55 – 1,66 cm, unregelmässig.
59  Joos 1985, 91.
60  Dokumentation zur Erhaltung *in situ* (nicht abgebildet): Pläne 40.222.35. – Fotos 40.222.6.0036, 40.222.6.0150 – 0154, 40.222.6.0156 – 0158, 40.222.6.0160 – 0162. – Dokumentation zur Restaurierung der 1950er-Jahre: Fotos 40.222.6.0167 – 0168, 40.222.6.0174 – 0175, 40.222.6.0191 – 0192, 40.222.6.0200 – 0206.
61  Strübin/Laur-Belart 1953, 6.

sich allerdings, wohin die Mosaikreste in diesem Fall gebracht worden wären. Es ist wohl eher damit zu rechnen, dass die Mosaikreste durch das Einstürzen des Hypokausts zerstört wurden und deshalb nicht mehr erhalten sind. Die Restaurierung der Fragmente erfolgte durch Walter EGLIN.

### 3.4.2 Beschreibung

Die polychrome Zentralkomposition besteht aus einem Quadrat, dem ein grosses Medaillon eingeschrieben ist (Abb. 64). Kreis und Quadrat sind je mit einem auf beiden Seiten mit schwarzem Linienband eingefassten Zweistrangflechtband nachgezeichnet, das an den Berührungspunkten zusammengeflochten ist; der Kreis ist mit einem rot-roten, das Quadrat mit einem rot-hellroten Band eingefasst. Kreis und Eckzwickel sind jeweils auf der Innenseite mit einem weiteren schwarzen Linienband versehen. In den Eckzwickeln sind polychrome Blütenmotive zu ergänzen; vom Platz gut passen würde je eine Glockenblüte wie bei Mosaik III. Im runden Mittelbild befand sich die polychrome Darstellung eines Wagenrennens im Circus (Abb. 63; 68).

Das Quadrat ist mit einem weissen Rahmen, einem anschliessenden schwarzen Linienband sowie einem schwarz-weissen, nach innen gerichteten Dreiecksband gefasst (Abb. 65).

Der nicht hypokaustierte Teil des Raums ist mit einem schwarz-weissen diagonalen Kreuzblütenrapport mit Kreuzmotiv belegt. An der dem Zentralbild abgewandten Westseite schliesst ein doppeltes schwarzes Linienband an (Abb. 69).

Die gesamte Komposition umschliesst ein kräftiger schwarzer Rahmen, der an den Schmalseiten und beim Eingang etwas breiter ist.

65
Mosaik IV *in situ*. Fragment der Quadriga auf dem verstürzten Hypokaust. Das Quadrat der Zentralkomposition wird von einem Linienband und einem Band getreppter, nach innen gerichteter Dreiecke eingefasst.

≈ 66
Der Kopf eines weiteren Pferdes wurde im Versturzschutt des Hypokausts gefunden. Das Fragment befindet sich heute im Funddepot der Archäologie Baselland.

˄ 67
Pferdekopf aus Augst-Kastelen, Slg. Stehlin. Der Kopf im Profil nach links ist den Pferdeköpfen aus Munzach sowohl von der Grösse, vom Stil als auch vom verwendeten Tesseramaterial her sehr ähnlich. Beide Mosaiken dürften von derselben Werkstatt hergestellt worden sein.

› 68
Das restaurierte Fragment mit der Quadriga von Mosaik IV ist heute in Augst im Auditorium auf Kastelen zu sehen.

### 3.4.3 Rekonstruktion des Mittelbilds mit Darstellung eines Wagenrennens

Ursprünglich waren wohl vier oder sechs Vierergespanne (*quadrigae*) im Uhrzeigersinn um den Kreismittelpunkt galoppierend angeordnet. Im Gegensatz zu den richtigen römischen Wagenrennen, bei denen im Gegenuhrzeigersinn auf der Circusbahn gefahren wurde, zirkuliert der Munzacher Wagen von rechts nach links im Uhrzeigersinn. Die gleiche Besonderheit zeigt nur gerade das Mosaik von Sennecey-le-Grand (Dép. Saône-et-Loire), wobei hier kein Circus dargestellt ist, sondern nur ein Fries mit vier nach links fahrenden Bigen (Zweiergespannen; vgl. Abb. 81). Alle weiteren mir bekannten Mosaiken bilden Wagenrennen im Gegenuhrzeigersinn ab, also in der «richtigen» Richtung.

Die erhaltene Quadriga in der Nordostecke zeigt, dass die Wagengespanne von Munzach nicht in ein Bildfeld integriert, sondern ohne Rahmung auf weissem Grund dargestellt waren. Möglicherweise befand sich im Zentrum des Kreises ein Medaillon mit der Siegesgöttin Victoria, ähnlich dem «Rennfahrer-Mosaik» aus Trier-Ostallee, das vier in Achteckfeldern dargestellte Quadrigen zeigt (Abb. 86).[62] Auf dem Trierer Mosaik sind je zwei Bildfelder zum Annexmosaik sowie zur gegenüberliegenden Seite hin orientiert. Da der Raum in Munzach von Südosten her betreten wird, ist am ehesten mit einer sich im Kreis drehenden Anordnung der vier Gespanne auszugehen, liegt doch die in der Südostecke gelegene Quadriga vom Eingang her genau auf der Blickachse. Sinngemäss würde dann vom Annexmosaik (Kreuzblütenrapport) aus, wo vielleicht die Klinen gestanden haben, das Gespann in der Südwestecke des Mosaiks wiederum auf der Blickachse liegen. Aber auch eine Anordnung wie beim Trierer «Rennfahrer-Mosaik» ist denkbar (vgl. Abb. 86).

*In situ* sind nur die Pferde einer Quadriga erhalten, Lenker mit Peitsche und Wagen fehlen. Wegen des geringen verbleibenden Raums hinter der erhaltenen Quadriga bis zum Kreisrand müssen letztere stark verkürzt schräg hinter und über dem Gespann dargestellt gewesen sein. Südlich vor diesem ist der Rest eines Wagenrads zu erkennen, das von einem weiteren Fahrzeug stammt (Abb. 63; 65). Dieses zweite Gefährt sichert die Deutung der Darstellung als Wagenrennen. Zudem fanden sich im Schutt die Reste zweier Pferdeköpfe eines weiteren Gespanns; einer davon ist auf Abbildung 66 wiedergegeben.[63]

Die beste Parallele sowohl zur Darstellung als auch zur Komposition des Wagengespanns liefert der Solwagen auf dem Wochengöttermosaik von Orbe (Kt. Waadt; Abb. 70; 71).[64] Er diente denn auch als Vorlage für die Rekonstruktionszeichnung von Mosaik IV (vgl. Abb. 64). Aber auch die vier Quadrigen in den Eckzwickeln auf dem Mosaik von Sainte-Colombe (Dép. Rhône) sind sehr gut vergleichbar (Abb. 72–74).

Für die Rekonstruktion kommen nach meiner Einschätzung drei Varianten in Frage (Abb. 77; vgl. Abb. 64).

Variante 1: Die vier Quadrigen rotieren im Uhrzeigersinn um den Kreismittelpunkt. Sie liegen je auf der Winkelhalbierenden des Quadrats.

Variante 2: Von den vier Gespannen sind zwei Quadrigen zum Annex hin ausgerichtet und die anderen zwei zur gegenüberliegenden Seite (wie auf dem Trierer «Rennfahrer-Mosaik»; vgl. Abb. 86). Alle vier Gespanne liegen je auf einer der Winkelhalbierenden des Quadrats.

Variante 3: Sechs um ein Mittelbild rotierende Gespanne sind zum Kreis hin orientiert (wie die Sechseckbilder des Mosaiks von Sainte-Colombe; vgl. Abb. 72–74). Da im römischen Circus immer vier Gespanne gegeneinander antraten (siehe unten S. 56 f.), ist Variante 3 mit sechs Gespannen allerdings auszuschliessen. Auch von der Komposition her ist diese Variante wenig wahrscheinlich: Die sechs Gespanne kommen sich sehr nahe und beinahe in die Quere.

Für alle drei Varianten ist auf dem Kreismittelpunkt eine weitere Darstellung zu ergänzen, vielleicht in einem Medaillon von der Grösse einer der Kreise von Mosaik III von Munzach, etwa die Siegesgöttin Victoria, die über das Wagenrennen wacht (wie auf dem «Rennfahrer-Mosaik» von Trier-Ostallee). Für Variante 2 ist auch denkbar, dass auf der Querachse des Mosaiks der Mittelstreifen des Circus beziehungsweise die Barriere, um welche die Wagen zirkulieren, dargestellt ist. Aller-

**69**
Mosaik IV *in situ*, Annex auf der Westseite der Zentralkomposition: schwarz-weisser, diagonaler Kreuzblütenrapport, der von einem doppelten Linienband abgeschlossen wird.

---

62 HOFFMANN ET AL. 1999, Trier-Ostallee, «Rennfahrer-Mosaik», 142 f., Kat. 108, Taf. 71–73.
63 STRÜBIN/LAUR-BELART 1953, 10. – Das Fragment kam erfreulicherweise im Januar 2016 bei der Aufarbeitung der Dokumentation und des Fundmaterials durch Sandra BILLERBECK im Depot der Archäologie Baselland wieder zum Vorschein, nachdem es seit Jahren als verschollen galt.
64 VON GONZENBACH 1961, Orbe, Mosaik V, 187, Taf. 61; VON GONZENBACH 1974, Abb. S. 29.

↑ 70
Auf dem Wochengöttermosaik aus Orbe (Kt. Waadt) ist in einem der achteckigen Bildfelder Sol auf seiner Quadriga dargestellt. Diese lässt sich sehr gut als Vergleich zum Munzacher Wagengespann heranziehen. Detail des Sonnengotts.

› 71
Gesamtansicht des Wochengöttermosaiks von Orbe.

dings sind solche Circus-Barrieren meines Wissens nur auf rechteckigen Mosaiken dargestellt.[65]

Bei den Varianten 1 und 2 ergibt sich zwischen den Gespannen, die nicht in gerahmte Bildfelder integriert waren, viel leerer, weisser Hintergrund, der neben der breiten Rahmung des Mittelbildes und des Annexes unausgewogen wirkt. Zudem wirken die Quadrigen quasi «schwebend» und ohne Bodenhaftung. Die Wagenlenker in den Eckzwickeln des Mosaiks von Sainte-Colombe erwecken einen ähnlichen Eindruck (vgl. Abb. 72–74). Es ist denkbar, dass bei den Varianten 1 und 2 die Wagenlenker mit Inschriften ihrer Namen versehen waren.

Im römischen Circus traten pro Rennen immer vier Rennställe oder Renngesellschaften gegeneinander an, mit einem oder mehreren Wagen. Gekennzeichnet und voneinander zu unterscheiden waren sie durch die vier Farben weiss, rot, grün und blau. Sowohl Lenker als meist auch Wagen und Pferdegeschirr waren in der entsprechenden Farbe gehalten. Die erhaltene Quadriga in der Nordostecke trägt ein weisses Zaumzeug, stellt somit den Wagen des weissen Rennstalls dar. Sinngemäss dürften die anderen drei Gespanne die Farben rot, grün und blau getragen haben.[66]

---

65  Zur Barriere und deren möglichen antiken Bezeichnungen vgl. LETZNER 2009, 40–48.

66  WEEBER 1994, 49. 58; EWALD 2001, 118; LETZNER 2009, 70 f. 76. 87 f.: Renngesellschaft = *factio*; grüne Partei = *factio prasina*, blaue Partei = *factio veneta*, rote Partei = *factio russata*, weisse Partei = *factio albata*. CHAMAY ET AL. 2007, 23: Die vier Farben symbolisierten die vier Jahreszeiten: weiss = Winter, grün = Frühling, rot = Sommer, blau = Herbst.

**72 ⌃**
Auf dem Mosaik aus Sainte-Colombe (Dép. Rhône) sind wahrscheinlich in allen vier Eckzwickeln Quadrigen dargestellt. Zwei sind ganz erhalten und lassen sich sehr gut mit der Munzacher Gespann vergleichen. Detail des einen Gespanns.

**73 ⌃**
Detail des zweiten erhaltenen Gespanns.

**74 ⌃**
Gesamtansicht des Mosaiks von Sainte-Colombe.

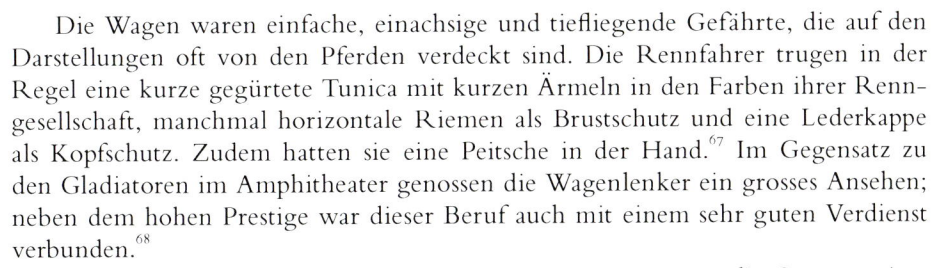

Die Wagen waren einfache, einachsige und tiefliegende Gefährte, die auf den Darstellungen oft von den Pferden verdeckt sind. Die Rennfahrer trugen in der Regel eine kurze gegürtete Tunica mit kurzen Ärmeln in den Farben ihrer Renngesellschaft, manchmal horizontale Riemen als Brustschutz und eine Lederkappe als Kopfschutz. Zudem hatten sie eine Peitsche in der Hand.[67] Im Gegensatz zu den Gladiatoren im Amphitheater genossen die Wagenlenker ein grosses Ansehen; neben dem hohen Prestige war dieser Beruf auch mit einem sehr guten Verdienst verbunden.[68]

Unabhängig von der Komposition des Wagenrennens waren die Gespanne immer sehr individuell gestaltet (vgl. Abb. 74–88). Dies ist auch auf dem Mosaik von Munzach anzunehmen; die vier identischen Quadrigen nach dem Vorbild des Solwagens von Orbe (Kt. Waadt) sind bloss eine vereinfachte Ergänzung. Das Radfragment eines weiteren Wagens direkt vor der erhaltenen Quadriga unterstützt diese These und lässt an ein verloren gegangenes Rad oder an ein verunfalltes oder gestürztes Gespann denken.

67  LETZNER 2009, 79 f.
68  WEEBER 1994, 55.

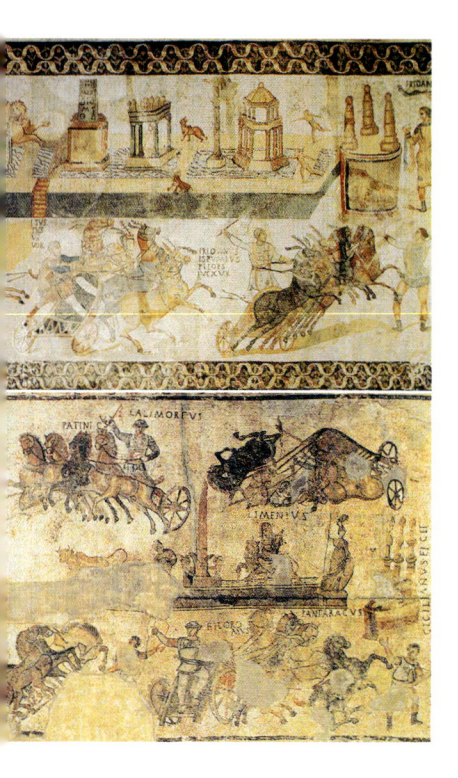

### 3.4.4 Stilistische Einordnung

*Diagonallaufender Kreuzblütenrapport mit Füllmotiv*

Der diagonal laufende Kreuzblütenrapport mit Füllmotiv ist sehr beliebt und weit verbreitet. Er tritt im späteren 2. und frühen 3. Jahrhundert auf und ist auch in Augusta Raurica sehr häufig.

*Vergleiche Augst:* Insula 32, Mosaik I, diagonallaufend, einziger Flächenrapport in der Schweiz neben Mosaik IV von Munzach; Insula 1, Mosaik I, Laufrichtung unklar; Insula 3, Mosaik III, diagonallaufend; Insula 24, Mosaik I, diagonallaufend; Insulae 41/47, Mosaik XI, Laufrichtung unklar.

*Weitere Vergleiche als Rahmen:* Kloten (Kt. Zürich), Mosaik II bis III; Zofingen (Kt. Aargau), Mosaik II; Vallon (Kt. Freiburg), Bacchus und Ariadne-Mosaik.[69]

*Datierung:* späteres 2. bis frühes 3. Jahrhundert.

*Verbreitung:* häufig und weit verbreitet.[70]

*Quadrat mit eingeschriebenem Kreis*

Das Quadrat mit eingeschriebenem Kreis tritt im späteren 2. und 3. Jahrhundert auf, ist aber selten; in Augusta Raurica ist es zweimal nachgewiesen, in Avenches etwas häufiger. Den Mosaiken aus dem Gebiet der heutigen Schweiz ist eine einfache Einzeldarstellung auf viel weissem Hintergrund und eine breite Rahmung des runden Mittelbilds eigen.

*Vergleiche Augst:* Insula 28, Mosaik III, Quadrat mit einbeschriebenem Kreis, zwei Annexe aus Schachbrettrapporten oder Dreifeldermosaik mit zwei seitlich anschliessenden, diagonal laufenden Schachbrettrapporten. Das Mittelbild besteht aus einer runden rot-gelben Blattrosette im Kreis, die von innen nach aussen mit einem schwarzen Linienband, einem Band einwärts gerichteter getreppter Dreiecke und einem schwarzen Linienband gerahmt ist.

⌃ 75
Quadrigamosaik aus Barcelona, rechteckige Darstellung mit Wagenrennen im Circus.

⌃ 76
In rechteckigem Feld angeordnetes Wagenrennen auf einem Mosaik aus Girona.

› 77
Mosaik IV, zeichnerische Rekonstruktion (vgl. Abb. 64). Zwei mögliche Varianten der Darstellung des Wagenrennens. Eine dritte Variante mit sechs im Uhrzeigersinn rotierenden Quadrigen ist aus Platzgründen auszuschliessen. Variante 1: Vier im Uhrzeigersinn um den Mittelpunkt fahrende Quadrigen. Variante 2: Je zwei auf einer Linie sich befindende Gespanne, von denen zwei gegen den Annex und zwei gegen die gegenüberliegende Seite ausgerichtet sind.

---

69 Kloten, Mosaik II bis III, um 200 oder Anfang 3. Jh.: VON GONZENBACH 1961, 125. – Zofingen, Mosaik II, nach Mitte 2. Jh.: VON GONZENBACH 1961, 240. – Vallon, Bacchus und Ariadne-Mosaik: REBETEZ 1992, 14 f., 24–27, Abb. 24; FUCHS 2000, 29, Abb. 23 f. (160/170 n. Chr.); FUCHS 2001.

70 Zum Kreuzblütenrapport allg. vgl. SCHMID 1993, 34 (mit Literatur). 188.

Insula 30, Gladiatorenmosaik Mittelbild: Dreifeldermosaik mit zwei seitlich anschliessenden Blütenranken. Das Mittelbild zeigt einen wasserspeienden Krater mit Fischen. Seine Rahmung besteht von innen nach aussen aus einem doppelten schwarzen Linienband, einem rot-gelbem Zweistrangflechtband und einem schwarzen Linienband.

*Weitere Vergleiche:* Avenches, Gansmosaik: Kreis in Quadrat, Rahmung des Kreises mit doppeltem schwarzem Linienband, schwarzem laufendem Hund, doppeltem schwarzem Linienband, rot-gelbem Zweistrangflechtband und schwarzem Linienband, Gans aus Krater trinkend. In den Eckzwickeln finden sich Fische und ein Vogel. An zwei Seiten ist das Quadrat durch ein schwarzes Litzenband verbreitert.[71]

*Datierung:* späteres 2. bis 3. Jahrhundert.

*Verbreitung:* selten. Nach Sophie Delbarre-Bärtschi erscheint diese Komposition hie und da im Rhonetal, dort aber nie als Zentralkomposition.[72]

### Wagenrennen und Circusdarstellungen auf Mosaiken

Die Darstellung von Wagenrennen auf Mosaiken ist in der ganzen römischen Welt ein beliebtes Thema, wie die zahlreichen Beispiele zeigen.[73] Das einzige bekannte Beispiel in der Schweiz ist Munzach. Der fragmentierte Pferdekopf nach links von Augst-Kastelen, Slg. Stehlin (Abb. 67) ist zwar sehr gut mit den Pferden der Munzacher Quadriga vergleichbar und wohl von derselben Werkstatt hergestellt worden, allein aber kein Beleg für eine weitere Darstellung eines Wagenrennens.[74]

Die besten Vergleiche zur erhaltenen Quadriga von Munzach sind der Solwagen auf dem Wochengöttermosaik von Orbe (Kt. Waadt) und die vier Gespanne auf dem Mosaik von Sainte-Colombe (Dép. Rhône) (vgl. Abb. 70–74).

Die meisten bekannten Mosaiken mit der Darstellung eines Wagenrennens sind rechteckig, was der langgestreckten Form des Circus entspricht. Es gibt aber auch andere Bildkompositionen wie hier aus Munzach mit kreisförmigem Bild, Sainte-Colombe mit Quadrigen in den Eckzwickeln oder das Wochengöttermosaik von Orbe, wo der Solwagen einem achteckigen Bildfeld einbeschrieben ist (vgl. Abb. 70–74).

Bei den bildlichen Wiedergaben zum römischen Circus sind die Mosaiken eine wichtige Quellengattung, weil sie im grossen Format vollständige und detailreiche Szenen zeigen. Daneben gab es sicher auch viele Ausführungen auf Wandmalereien, die aber bis auf wenige Ausnahmen nicht erhalten sind.[75] Weitere Bildquellen sind Reliefs, Gemmen, Lampen, Münzen oder Circusbecher.[76] Die Darstellungen können aber nicht als Beleg einer tatsächlich am entsprechenden Fundort oder in dessen Nachbarschaft nachgewiesenen Circusanlage herangezogen werden. Vielmehr widerspiegelt die Beliebtheit des Themas die weitverbreitete Begeisterung der Römer für diese Form von Massenunterhaltung.[77] In den Nordwestprovinzen sind nur sehr wenige Circusanlagen bezeugt, beispielsweise in Arles (Dép. Bouches-du-Rhône), Vienne (Dép. Isère, mit Mosaik Sainte-Colombe), Saintes (Dép. Charente-Maritime) und Trier (Rheinland-Pfalz, mit Mosaik). Wolfram Letzner vermutet zudem

**78**
Quadrigamosaik aus Gafsa (Tunesien).

**79**
Quadrigamosaik aus Lyon (Dép. Rhône).

**80**
Quadrigamosaik aus Karthago (Gouv. Tunis, Tunesien).

---

71  Rebetez 1997, 76 f., Kat. 22 (zweite Hälfte 3. Jh.).
72  Delbarre-Bärtschi 2014b, 86.
73  Delbarre-Bärtschi 2014b, 117; zur Verbreitung der Mosaiken mit Circusdarstellungen vgl. Lancha 1981, 156, Nr. 329; Lavagne 1990. Vgl. auch Hoffmann et al. 1999, 142 f., Nr. 108; 167 f., Nr. 160; 168 f., Nr. 161.
74  Schmid 1993, 65. 191, Taf. 1,5.
75  Z. B. Augst, Drack 1950, 47, Taf. 28, stilistisch aber nicht vergleichbar.
76  Letzner 2009, 9.
77  Letzner 2009, 10.

Circusanlagen in Lyon (Dép. Rhône, mit Mosaik) und Nîmes (Dép. Gard); in Lyon auch wegen des Circusmosaiks.[78]

*Vergleiche:*
Sainte-Colombe (Dép. Rhône, bei Vienne; Abb. 72–74): Quadrat mit eingeschriebenem Kreis.[79] Das Quadrat ist mit einem Trichterflechtband eingefasst, der Kreis mit einem Zweistrangflechtband. Im Kreis gruppieren sich sechs hexagonale Bildfelder um ein ebensolches Mittelbild. Alle sieben Bilder sind mit Zweistrangflechtbändern eingefasst, die mit demjenigen des Kreises an den Berührungspunkten verflochten sind – wie in Munzach die Flechtbänder von Kreis und Quadrat. In den vier Eckzwickeln findet sich je ein Gespann; eines ist ganz zerstört, von einem zweiten sind nur noch Lenker und Wagenrad erhalten, eines ist bis auf den Lenker und ein viertes komplett erhalten. Die Gespanne fahren im Gegenuhrzeigersinn. Die Darstellung ist ein guter Vergleich zu Munzach, nicht zuletzt auch hinsichtlich des engen Raums für den Wagen am Bildrand.

Sennecey-le-Grand (Dép. Saône-et-Loire; Abb. 81): Ein rechteckiger Bildfries zeigt vier Bigen in einer Reihe von rechts nach links, also im Uhrzeigersinn.[80] Das Rechteckbild wird von verschiedenen geometrischen Mustern eingefasst. Die vier Wagenlenker sind mit Inschriften namentlich genannt.

Lyon (Dép. Rhône; Abb. 79): grosses rechteckiges polychromes Bild, das von einem Dreistrangflechtband umrahmt ist.[81] Im Bild ist ein ganzer Circus dargestellt mit *carceres* (Starttoranlage), Barriere, Start- und Ziellinie. Pro Renngesellschaft und Farbe laufen je zwei, insgesamt also acht Gespanne im Gegenuhrzeigersinn auf der Rennbahn. Zwei Gespanne sind im Sturz begriffen: Neben einem verunfallten Gespann unten links im Bild liegt ein abgebrochenes Wagenrad, das mit dem Munzacher Radrest vergleichbar ist.

Trier-Ostallee, «Rennfahrer-Mosaik» (Abb. 86): rechteckiges Zweifeldermosaik mit quadratischem Hauptbild und schmalem geometrischem Annex.[82] Im Hauptbild sind vier achteckige Bildfelder je mit der Darstellung eines Viergespanns wiedergegeben. Alle vier Wagenlenker tragen Siegeskranz und Palmwedel und sind mit Namen versehen. Im Zentrum zwischen den vier Bildfeldern findet sich in einem übereckgestellten Quadrat eine Büste der Siegesgöttin Victoria. Alle Bildfelder werden von einem endlosen Zweistrangflechtband umfasst, ebenso das quadratische Hauptbild. Dieses ist aussen zusätzlich noch mit einem Dreistrangflechtband umrahmt. Ein Annex zeigt geometrische Muster aus übereckgestellten Quadraten. Zwei der Bildfelder sind zum Annex, zwei zur gegenüberliegenden Seite ausgerichtet, die Victoria blickt zum Annex.

Trier-Weberbach, «Polydus-» oder «Wagenlenker-Mosaik» (Abb. 87): achteckiges Mittelbild in zwei ineinander gestellte Zweistrangflechtbandquadrate eingeschrieben, die in ein Quadrat eingepasst sind.[83] Dieses Quadrat ist von einem

81 | 82 | 83
Darstellungen von Wagenrennen in Bildfriesen: Sennecey-le-Grand (Dép. Saône-et-Loire; oben) und Piazza Armerina (Prov. Enna, Sizilien).

---

78 Letzner 2009, 90. 122 mit Abb. 58 (Verbreitung römischer Circusanlagen). 127 f.

79 Lancha 1981, 151–157, Nr. 329, Taf. 70–76 (Ende 2. Jh.); Landes 1990, 353 f., Abb. S. 356–359 (zweite Hälfte 2. Jh.).

80 Stern/Blanchard-Lemée 1975, 110–112, Nr. 302, Taf. 59 f. (severisch); Landes 1990, 353–355, Abb. S. 355 (3. Jh. n. Chr.).

81 Gefunden 1806. Landes 1990, Taf. 4; Chamay et al. 2007, Kat. 17, Abb. S. 36 f.; Letzner 2009, 37, Abb. 25 (Ende 2. Jh. n. Chr.).

82 Trier-Ostallee, «Rennfahrer-Mosaik»: Hoffmann et al. 1999, 142 f., Kat. 108, Taf. 71–73 (erste Hälfte 3. Jh. n. Chr.).

83 Weeber 1994, Abb. 84; Hoffmann et al. 1999, Trier-Weberbach, «Polydus-» oder «Wagenlenker-Mosaik», 168 f., Kat. 161, Taf. 100 f.; Chamay et al. 2007, Kat. 25, Abb. S. 46 (um Mitte 3. Jh. n. Chr.).

Dreistrangflechtband gerahmt. Das Annexmosaik zeigt Flechtbandknoten zwischen weissen und schwarzen Vierecken. Annex und Mittelbild sind mit Zinnenmuster gerahmt. Im Mittelbild ist der siegreiche Wagenlenker in seiner Quadriga von vorne dargestellt. Der Lenker trägt Lorbeerkranz, Palmzweig und Peitsche; der Lenker und das Hauptpferd rechts sind mit einer Inschrift gekennzeichnet.

Augsburg (Abb. 84): quadratische Bildfelder, die von Zweistrangflechtbändern eingerahmt werden.[84] In den Bildfeldern sind Gladiatorenzweikämpfe, einzelne Gespanne und einzelne Vögel zu sehen.

Rottweil (Kr. Rottweil), Orpheusmosaik: quadratisches Mosaik mit quadratischem Mittelbild, um das sich vier rechteckige, nach aussen gerichtete Bildfelder mit Rennfahrerszenen gruppieren, die je einen Wagen mit Viergespann nach rechts zeigen.[85] Die Bildfelder sind stark zerstört, dazwischen finden sich mit Blütenknospen gefüllte Rauten, darum herum weitere Bildfelder mit Jagdszenen.

Rom-Palazzo Massimo (Abb. 88): Mosaik von unbekanntem Aussehen.[86] Vier polychrome Quadratbilder sind erhalten: je ein Wagenlenker mit einem seiner Pferde in der jeweiligen Farbe (grün, rot, weiss und blau) vor dem Rennen, in Ruheposition ohne Wagen.

**84 ⌃**
Darstellung einzelner Quadrigen in quadratischen Bildfeldern auf einem heute verschollenen Mosaik aus Augsburg.

**85 ⌃**
Quadriga im rechteckigen Mittelfeld eines Mosaiks aus Mérida (Prov. Badajoz, Spanien).

**86 ⌃ | 87 ‹**
Quadrigen in achteckigen Feldern im «Rennfahrer-Mosaik» aus Trier-Ostallee und im «Polydus-» oder «Wagenlenker-Mosaik» aus Trier-Weberbach.

---

84  Altfund aus dem 16. Jh., heute verschollen. Parlasca 1959, 101 f., Taf. 97 (Ende 2. Jh.); Weeber 1994, Abb. 60.
85  Parlasca 1959, 99 f., Taf. 95 f. (Ende 2. Jh. n. Chr.).
86  Weeber 1994, Abb. 70a.b; Chamay et al. 2007, Kat. 8, Abb. S. 23 (2. Jh. n. Chr.).

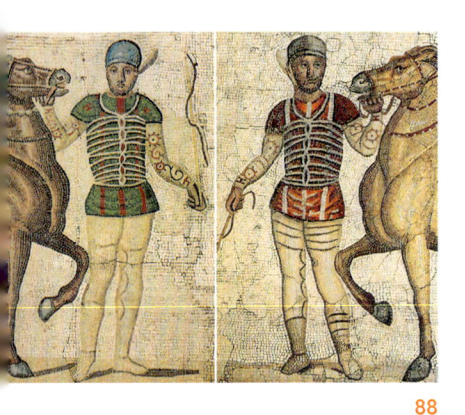

**88**
**Rom, Mosaik im Palazzo Massimo. Darstellung des grünen und des roten Wagenlenkers.**

Piazza Armerina (Prov. Enna, Sizilien; Abb. 82; 83): Grosse polychrome Bildszenen, die verschiedene Wagengespanne zeigen; die Lenker und die Pferde in der jeweiligen Farbe der Renngesellschaft.[87] Die Gespanne fahren wohl im Gegenuhrzeigersinn. Das grüne Gespann ist gut mit Munzach vergleichbar.

Augusta Emerita (Mérida, Prov. Badajoz; Abb. 85): Mosaik von unbekanntem Aussehen.[88] Ein viereckiges Bildfeld wird gerahmt von einer grossformatigen Ranke. Es zeigt einen Wagenlenker mit seiner Quadriga von vorne. Eine Inschrift über dem Lenker verkündet *Marcianus nicha* (Marcianus siege)! Die Darstellung ist mit derjenigen auf dem «Polydus-» oder «Wagenlenker-Mosaik» von Trier-Weberbach vergleichbar.

Barcelona (Abb. 75): Grossformatige Szene eines ganzen Circus.[89] Die Gespanne kursieren im Gegenuhrzeigersinn.

Girona (Prov. Girona; Abb. 76): Grossformatige Szene eines ganzen Circus.[90] Die Gespanne kursieren im Gegenuhrzeigersinn.

Gafsa (Tunesien; Abb. 78): Grossformatiges rechteckiges Bildfeld, das von einer aus aneinandergereihten Kreisen bestehenden Ranke umrahmt wird.[91] Es zeigt einen ganzen Circus mit Rennbahn, Gespannen, Zuschauerrängen, Starttoren, Barriere und Personal. Die Quadrigen rennen im Gegenuhrzeigersinn. Vom Aufbau her ist das Mosaik nicht mit Munzach vergleichbar, es gibt auch kein Detail, das dem Munzacher Wagenradansatz entspricht.

Karthago (Gouv. Tunis, Tunesien; Abb. 80): Grossformatiges rechteckiges Bildfeld, das von einem Zinnenmusterband umrahmt wird.[92] Das Bildfeld gibt einen ganzen Circus mit Rennbahn, Gespannen und Barriere wieder. Dargestellt sind vier Gespanne, davon eines im Uhrzeigersinn, drei in Gegenrichtung.

Abdallah (Gouv. Bizerta, Tunesien), Thermen der *Villa maritima* von Sidi (Lac de Bizerte): Mosaik von unbekanntem Aussehen, Rest eines Bildfelds erhalten.[93] Darauf sind zwei Pferde zu erkennen, die an einem grossen Gefäss angebunden sind, das mit Goldmünzen für den Sieger gefüllt ist.

*Datierung:* früheste Belege Ende 2. Jahrhundert, Mehrheit 3. und 4. Jahrhundert.
*Verbreitung:* im ganzen Römischen Reich beliebt.

*Ornamentale Zwickelfüllungen*
Siehe oben Mosaik III, S. 47.

*Zweistrangflechtband*
Siehe oben Mosaik III, S. 48.

---

87 LANDES 1990, Taf. 5; WEEBER 1994, Abb. 2. 95. 96; BAUM-VOM FELDE 2003, bes. 378: jüngere Datierung; CHAMAY ET AL. 2007, Kat. 11, Abb. S. 26 f. (330/340 oder drittes bis viertes Viertel 4. Jh. n. Chr.).
88 WEEBER 1994, Abb. 87 (4. Jh. n. Chr.).
89 LANDES 1990, 110, Taf. 2 (310–340 n. Chr.).
90 LANDES 1990, 110, Taf. 3; WEEBER 1994, Abb. 98 (Ende 4. Jh. n. Chr.).
91 LANDES 1990, 112, Abb. 2; LETZNER 2009, 32 f., Abb. 21 (4. Jh. n. Chr.).
92 FRADIER 1982, Abb. S. 131; LANDES 1990, 112, Abb. 3 (Ende 5./Anfang 6. Jh. n. Chr.?).
93 CHAMAY ET AL. 2007, Kat. 28, Abb. S. 50 (Anfang 4. Jh. n. Chr.).

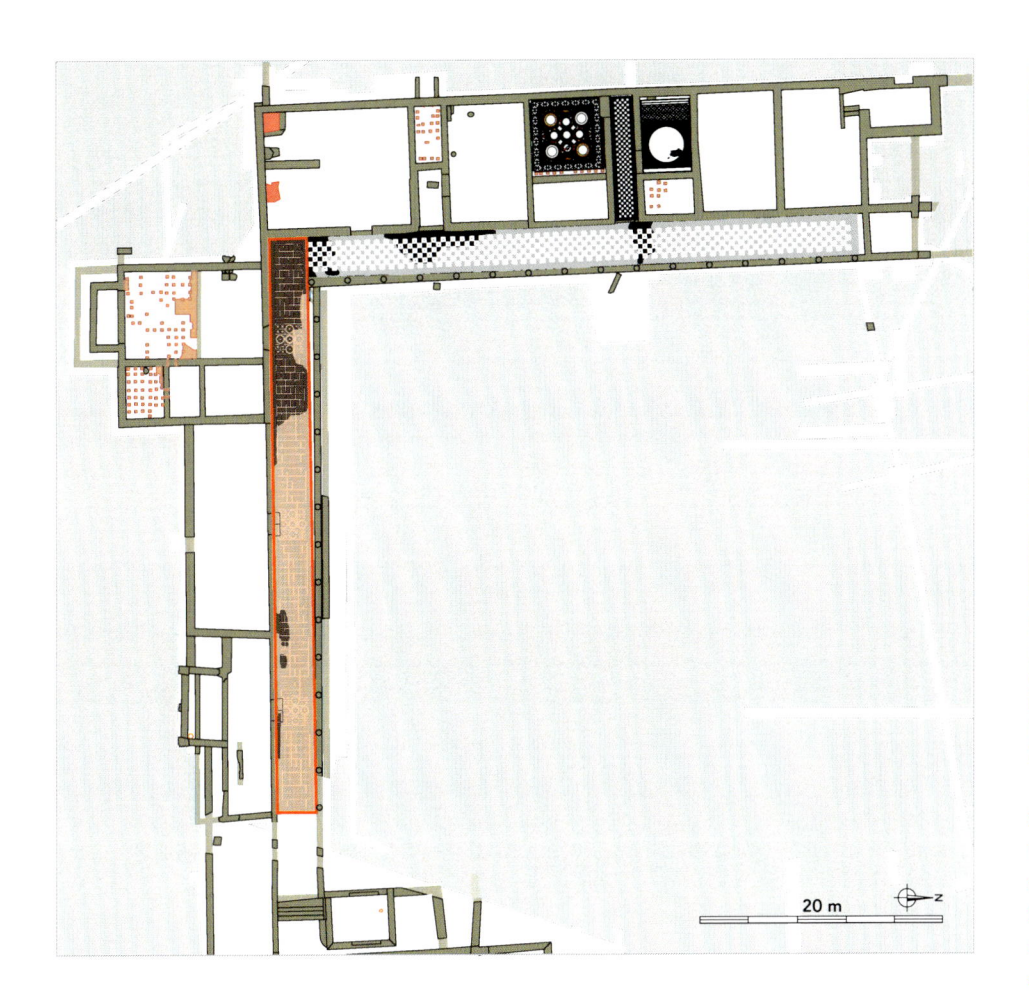

## 3.5 Mosaik V

### 3.5.1 Technische Daten, Befund und Erhaltung

*Entdeckung:* 1952.
*Ausgrabung:* 1954/1955.
*Raum:* Südportikus, Raum Z (Abb. 90).
*Absolute Höhen:* keine Höhen dokumentiert, aber Fuge an Fuge mit Mosaik I, das heisst identische Höhe, rund 327,21 m ü. M.
*Durchgang/Eingang:* Es sind drei Durchgänge an der südlichen Längsseite zu ergänzen (Kap. 3.5.2): zu Raum S über eine aus zwei Treppenstufen bestehende Schwelle, zu Raum V über eine zu ergänzende Schwelle und zu Raum W mit Mosaik VI über eine ebenfalls zu ergänzende Schwelle.
*Wände:* An der West- und evtl. auch an der Südwand sind Reste von rötlichem Verputz dokumentiert.
*Masse Raum:* 3,25 m (West) – ca. 3,4 m (Ost, nicht erhalten) × ca. 53,2 m.
*Erhaltene Masse Mosaik:* Breite 3,25 m, Länge der vier erhaltenen Fragmente *in situ* etwa 15,2 m, 3 m, 1,3 m und 1,1 m.
*Rekonstruierte Masse Mosaik:* Länge 46,2 m, Breite 3,25 m, Fläche 150,2 m$^2$. Der Abschluss im Osten bei der Treppe ist nicht erhalten und nur aufgrund von Überlegungen zur Symmetrie des Musters ergänzt (Kap. 3.5.2).
*Masse in römischen Fuss (29,6 cm):* geometrischer Rapport mit Rahmen 11 pR (3,256 m) × 156 pR (46,18 m), geometrischer Rapport ohne Rahmen 8 pR (2,368 m) × 152 (45 m), Seitenlänge kleinere Platten (inkl. weisses Linienband) 2/3 pR (0,197 m), Seitenlänge grössere Platten (inkl. weisses Linienband) 1 1/3 pR (0,395 m).

**89**
Mosaik V *in situ*. Weiss auf schwarzes orthogonales Plattenmuster. Das Mosaik ist nicht in seiner ganzen Länge erhalten. Am Westende (im Bild oben) führt eine zweistufige Treppe in Raum S. Dort wird der Rapport von einem quadratischen Muster mit fünf übers Kreuz angeordneten Kreisen unterbrochen. Die Zugänge zu den Räumen V und W dürften analog gestaltet gewesen sein.

**90**
Mosaik V, Lage innerhalb des Gutshofs: Südportikus, Raum Z.

*Stein:* schwarz (Stinkkalk), weiss (Oolith).
*Kanten:* 1,5–3 cm.[94]
*Bettung:* Kitt; Ziegelschrotmörtel; Kalkkieselguss; Planieschichten, Bauschutt.[95]
*Befund Mosaik:* Das Mosaik ist in der Westhälfte der Portikus (Raum Z) auf einer Fläche von etwa einem Drittel des ganzen Bodens, das heisst auf etwa 45 Quadratmetern, fast vollständig erhalten (Abb. 90; 91).[96] Nach etwa 15 Metern gegen Osten bricht das Mosaik ab und ist nur noch an drei kleineren Stellen belegt.

### 3.5.2 Beschreibung und Rekonstruktion

Das Mosaik zeigt ein weiss auf schwarzes orthogonales Plattenmuster (Abb. 91). Der Hauptrapport besteht aus sechs hochgestellten und drei quer liegenden Rechtecken beziehungsweise «Platten» im Wechsel. Die Breite von zwei hochgestellten «Platten» inklusive der «Fuge» dazwischen entspricht der Länge einer quer liegenden. Auf der Höhe der Treppe an der südlichen Längsseite, über die man von Raum S kommend die Portikus betrat, ist dieser Rapport durch drei mal drei Quadrate unterbrochen. Die vier Eckquadrate sind je in vier Quadrate mit Kreuzmotiv unterteilt; den übrigen fünf Quadraten ist je ein Kreis mit Kreuzmotiv eingeschrieben. Der Kreis der zentralen «Platte» ist mit einem zusätzlichen konzentrischen Kreis betont. Ein schwarzer, aus 13–15 Steinreihen gebildeter Rahmen ist auf drei Seiten sicher erhalten, war ursprünglich auf allen vier Seiten ungefähr gleich breit und stösst an die Wand (Abb. 92).

Das Mosaik vermittelt den Eindruck eines schwarzen Steinplattenbelags mit weissen Fugen, die mit zweireihigen Linien gezeichnet sind.[97] Der Ansatz einer zweiten Unterbrechung des Rapports durch drei mal drei Quadrate im Mittelteil der Südportikus, auf der Höhe von Raum V, zeigt wohl eine zweite Treppe (Abb. 89). Eine dritte Treppe ist analog dazu vor Raum W zu ergänzen. Somit wird der Hauptrapport des Mosaiks mit dem Plattenmuster dreimal bei den Durchgängen zu den Räumen S, V und W mit einem quadratischen Muster aus drei mal drei Quadraten unterbrochen. Diese Rapportunterbrechung kommt immer genau zwischen zwei Portikussäulen zu liegen (Abb. 91; 92).

Die Gesamtlänge des Mosaiks ist nicht erhalten. Für die Rekonstruktion bieten sich zwei Möglichkeiten an.

Variante 1: Ergänzt man das Mosaik bündig bis an die Treppenstufen, ist das Plattenmuster am Ostende um 13 Plattenreihen länger als im Westen und die Gesamtkonzeption des Mosaiks nicht symmetrisch. Diese Variante ergibt eine Gesamtlänge des Mosaiks von 53,2 Metern.

Variante 2: Spiegelt man aber das Muster bei der mittleren der drei Treppen, reicht der Abschluss des Mosaiks im Osten nicht bis an die Treppe, sondern es ergibt sich eine mosaikfreie Zone vor den Treppenstufen von etwa sieben Metern. Die rekonstruierte Länge des Mosaiks beträgt bei dieser Variante 46,2 Meter und ist somit nur wenig länger als Mosaik I (45,6 Meter).

Die Ergänzung zu einer streng symmetrischen Komposition (Variante 2) erscheint uns die plausiblere der beiden Varianten (vgl. Abb. 91).

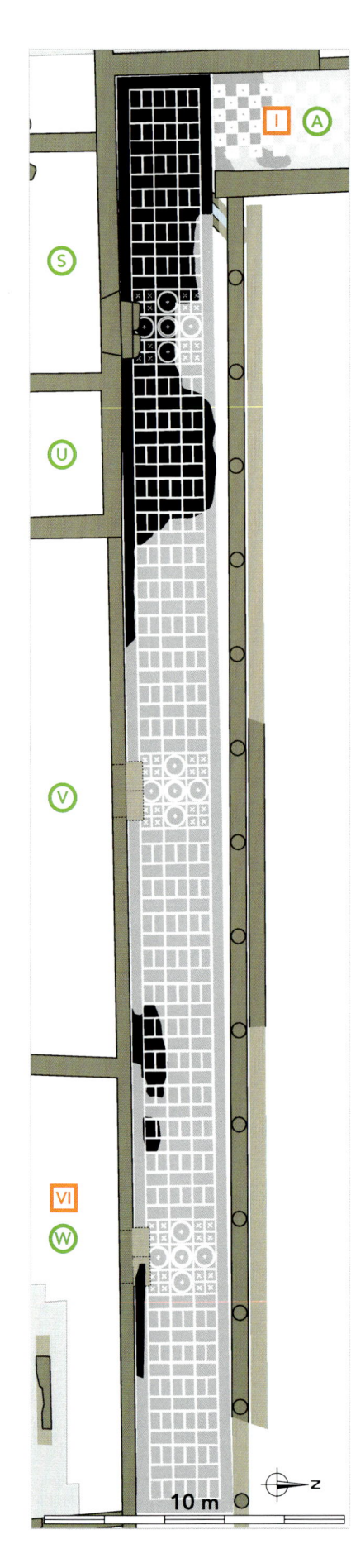

91
Mosaik V, zeicherische Rekonstruktion.
M 1:200.

94 Joos 1985, 91: 2,59–2,95 cm.
95 Joos 1985, 91.
96 Dokumentation zur Erhaltung *in situ* (nicht abgebildet): Pläne 40.223.57, 40.65.19. – Fotos 40.211.6.0130–0132, 40.211.6.0135, 40.221.6.0130–0133, 40.222.6.0008, 40.223.6.0015–0016, 40.223.6.0019, 40.223.6.0027, 40.223.6.0029–0030, 40.223.6.0033, 40.223.6.0082, 40.223.6.0136–0137, 40.223.6.0146, 40.223.6.0150.
97 von Gonzenbach 1961, 148.

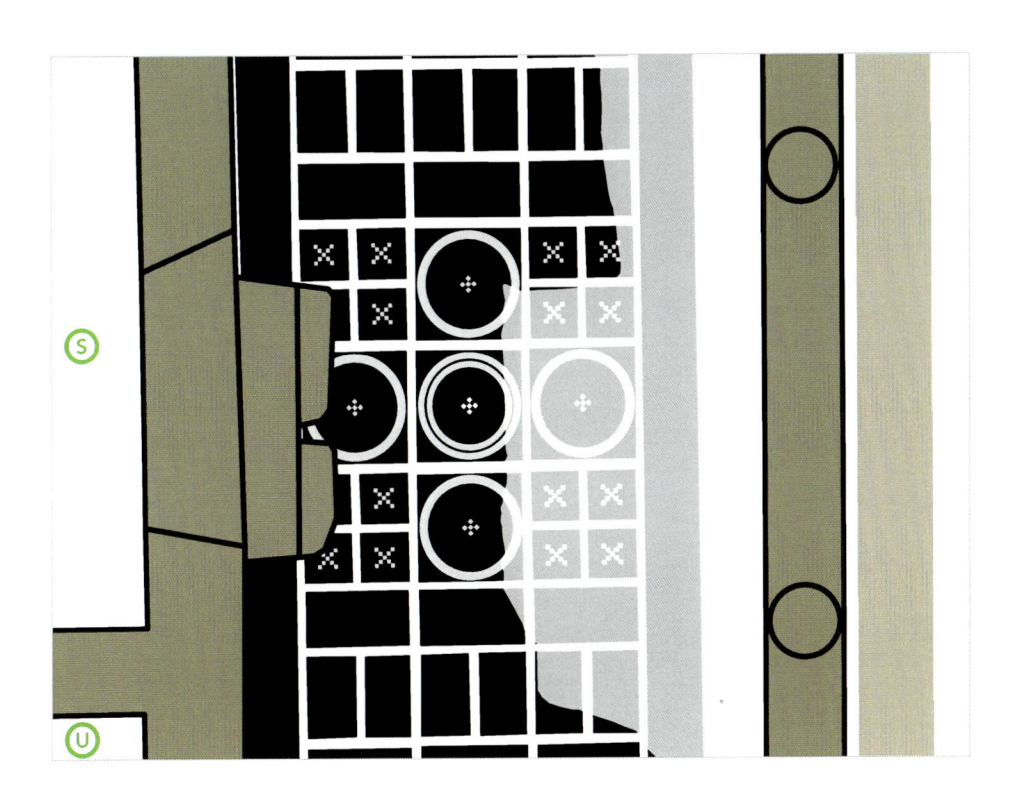

### 3.5.3 Stilistische Einordnung

*Weiss auf schwarzes orthogonales Plattenmuster*

Das weiss auf schwarze orthogonale Plattenmuster mit schwarzen «Platten» und weissen «Fugen» kommt aus Italien und tritt im späten 2. und frühen 3. Jahrhundert auf. Im Gebiet der heutigen Schweiz ist es sehr selten belegt; als weiteren Vergleich neben Munzach kenne ich nur gerade ein Mosaik aus den Thermen von Nyon (Kt. Waadt).

*Vergleiche Augst:* Augst-Insula 30, Annexmosaik zum Gladiatorenmosaik, weisse Platten, schwarze Fugen; Region 5H, weisse Platten, schwarze Fugen.

*Weitere Vergleiche:* Avenches-Insula 10, weisse Platten, schwarze Fugen; Nyon, Thermen, Frigidarium, schwarze Platten, weisse Fugen; Buchs (Kt. Zürich), weisse Platten, schwarze Fugen.[98]

*Datierung:* weiss auf schwarz: spätes 2. Jahrhundert und Wende zum 3. Jahrhundert.[99]

*Verbreitung:* Das weiss auf schwarze Plattenmuster ist in der Schweiz sehr selten, Nyon ist der einzige weitere Nachweis neben Munzach; das Muster stammt aus Italien.[100]

92 ⌃
Mosaik V *in situ*. Detail des Zugangs zu Raum S mit den Treppenstufen und dem Rapportunterbruch.

93 ⌃
Mosaik V, zeichnerische Rekonstruktion. Weiss auf schwarzes orthogonales Plattenmuster: sechs hochgestellte und drei querliegende Rechtecke im Wechsel. An drei Stellen wird der Rapport durch ein quadratisches Muster mit drei mal drei Quadraten unterbrochen, von denen fünf ein Kreis einbeschrieben ist. Das Plattenmuster wird an allen vier Seiten von einem breiten schwarzen Rahmen eingefasst. Schwarz: *in situ* erhaltenes Mosaik; grau: nicht erhalten und zeichnerisch ergänzt. M 1 : 50.

---

98 Avenches-Insula 10, severisch: Delbarre-Bärtschi 2002, 139–141, Abb. 4; 6. – Nyon, Thermen, Frigidarium: von Gonzenbach 1961, 157 f., Taf. 42, 200–250 n. Chr.; Rebetez 1997, 147–152, Abb. 144. 146. – Buchs, spätes 2. Jh.: von Gonzenbach 1961, 86 f., Taf. 27; Horisberger 2004, 233–236, Abb. 337–340.

99 von Gonzenbach 1961, 148.

100 Delbarre-Bärtschi 2014b, 55.

**94**
**Mosaik VI *in situ*. «Wildes» Mosaik:**
Die Mosaiksteine oder -stifte scheinen wahllos in den Ziegelschrot des Mörtelbodens gesetzt zu sein.

## 3.6 Mosaik VI, «wildes» Mosaik

### 3.6.1 Technische Daten, Befund und Erhaltung

*Entdeckung:* 1954?
*Ausgrabung:* 1974.[101]
*Raum:* Mosaik VI befindet sich in Raum W, einem langen Annexraum mit wohl trapezförmigem Grundriss, der parallel zu Raum Z, der Südportikus liegt (Abb. 96).
*Absolute Höhen:* 326,9–98 m ü. M.[102]
*Durchgang/Eingang:* Es ist ein Durchgang an der Nordseite des Raums zur Portikus Z mit Mosaik V zu ergänzen (Kap. 3.5.2). Ob es weitere gab, ist unklar.
*Wände:* kein Verputz erhalten.
*Masse Raum/Masse Mosaik* (nicht eindeutig gesichert): wohl trapezförmig. Länge Nordseite etwa 13,9 m, Länge Südseite 14,5 m, Breite 3,7 m; erhaltene Fläche des Mosaiks etwa 3 m × 3,7 m, rekonstruierte Fläche rund 52,5 m$^2$.
*Stein:* schwarz (Stinkkalk), tiefschwarz (Kieselschiefer, Lydit), weiss (Weissjurakalk).
*Kanten:* 1,05–1,07 cm, stiftförmig: 2,24–2,28 cm lang.
*Bettung:* offenbar kein Kitt. 10 cm Mörtelboden aus Kalkguss und rötlichem, sehr feinkörnigem Ziegelschrot, darin zahlreiche schwarze und weisse Mosaikstifte, die teilweise wie sekundär verlegte Mosaikfragmente wirken («wohl Reste eines Wand- oder Deckenmosaiks»[103]).
*Befund Mosaik:* Das Mosaik ist in der Osthälfte des Raums auf einer Fläche von etwa 10 Quadratmetern erhalten (Abb. 96).[104] Es nahm die ganze Raumbreite ein; die ursprüngliche Länge ist unklar.

---

101 Wenn nicht anders vermerkt, stammen alle Angaben zu diesem Mosaikbefund von Joos 1985, 92.

102 Archiv Archäologie Baselland, Plan 40.65.15.

103 Joos 1985, 92.

104 Dokumentation zur Erhaltung *in situ* (nicht abgebildet): Pläne 40.65.15, 40.65.19. – Negative 40.65.047, Nr. 4,17–23.

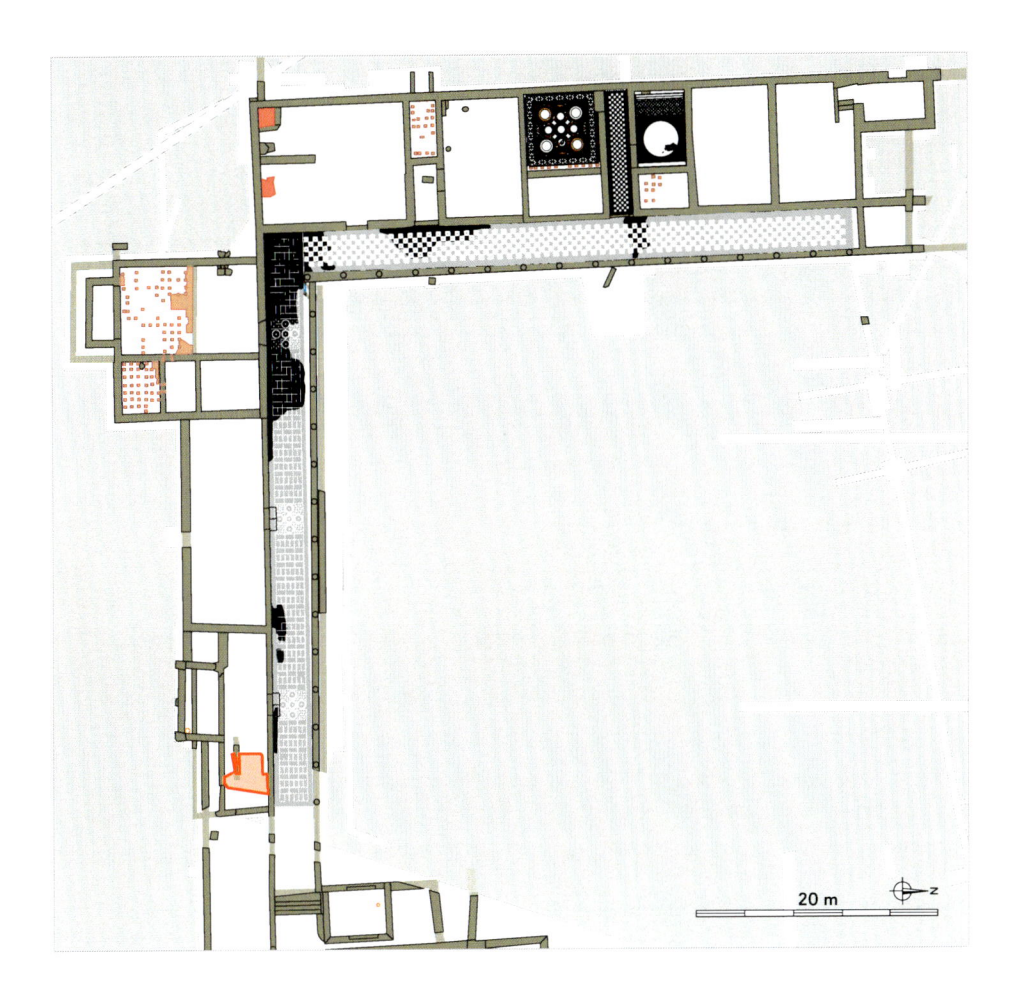

95 ^
Detail von Mosaik VI.

96 ‹
Mosaik VI, Lage innerhalb des Gutshofs: Annexraum mit unregelmässigem Grundriss, Raum W.

### 3.6.2 Beschreibung und Rekonstruktion

Es handelt sich um eine Art «wildes» Mosaik, in dem kein Muster erkennbar ist. Die Mosaiksteine oder -stifte scheinen wahllos in den Untergrund gesetzt zu sein (Abb. 94; 95).

### 3.6.3 Stilistische Einordnung

*«Wildes» Mosaik*
Das scheinbar wahl- und konzeptlos aus weissen und schwarzen Mosaiksteinen gesetzte Mosaik lässt kein Muster erkennen. Es könnte sich um einen sogenannten «semis irréguliers»-Boden handeln, der in Italien und im Besonderen in Pompeji häufig, nördlich der Alpen aber selten auftritt.

*Vergleiche Augst:* Insula 31: Das mit einem Spielbrett entfernt verwandte Mosaik des späteren 1. bis früheren 2. Jahrhunderts ist vom Muster her zwar nicht direkt vergleichbar. Hinsichtlich der Setztechnik wirkt es aber, als wäre es aus sekundär verwendeten Mosaikfragmenten verlegt, wie dies Marcel Joos auch für Mosaik VI von Munzach vermutete.[105] Denkbar wäre in beiden Fällen aber auch, dass man den Kitt oder Mörtel, in den die *tesserae* gesetzt wurden, in sehr kleinen Partien aufgetragen hat, die auf den Fotos wie sekundär verlegte Fragmente wirken.

Stiftförmige *tesserae* sind in Augusta Raurica in Insula 31, Insula 22 und Insula 17 belegt; sie gehören zur ersten Gruppe der Mosaiken aus Augusta Raurica, die ins

105 Wie Anm. 101.

spätere 1. bis frühere 2. Jahrhundert datiert.[106] Joos zieht die «Mosaikstifte» von Pratteln-Kästeli (Kt. Basel-Landschaft) aus dem 2. Jahrhundert als Vergleich zu Mosaik VI aus Munzach heran.[107] Die *tesserae* sind dort zwar mit Massen von rund 1 × 1 × 2 Zentimeter stiftförmig, die Fragmente zeigen aber neben schwarz-weissen Mustern auch polychrome, was beim Munzacher Mosaik nicht der Fall ist.[108]

*Weitere Vergleiche:* Vallon (Kt. Freiburg), Venatio-Mosaik, verschiedene Reparaturen mit wahllos gesetzten *tesserae*;[109] diese Flickstellen sind jedoch wenig vergleichbar. Parallelen zu sogenannten «semis irréguliers»-Böden: Orbe (Kt. Waadt), Mosaik X, schwarze Steine; Thielle-Wavre (Kt. Neuenburg), weisse Steine; Windisch (Kt. Aargau), weisse Steine.[110]

*Datierung:* späteres 1. bis früheres 2. Jahrhundert n. Chr.

*Verbreitung:* sehr selten. Neben Munzach sind nur drei Beispiele von «semis irréguliers»-Böden aus der Schweiz bekannt. Dieser Dekor begegnet nicht häufig nördlich der Alpen, in Italien in republikanischer Zeit ist er jedoch oft bezeugt, besonders in der Region von Pompeji.[111]

## 3.7 Mosaik A, B beziehungsweise Fragmente von Mosaik III oder Mosaik IV

### 3.7.1 Technische Daten, Befund und Erhaltung

*Raum:* möglicherweise Raum V, Raumzuweisung unklar.[112]
*Stein:* weiss, schwarz.
*Kanten:* 0,5–1 cm, unregelmässig.
*Befund Mosaik:* ca. 25 Kleinfragmente, Reste von Rahmenelementen, schwarz auf weiss, in Gips gefasst.[113]

**97**
Beispiele von Kleinstfragmenten der Mosaiken von Munzach im Funddepot der Archäologie Baselland, Juli 2010. Einzig wenige Fragmente von Herzblüten von Mosaik III sind noch identifizierbar. M 1:1.

**98**
Der Restaurator Erhardt Löliger beim Restaurieren und Ergänzen geborgener Mosaikplatten im Jahr 1964.

106 Schmid 1993, 183.
107 Joos 1985, 92.
108 Eine Durchsicht der Mosaikfragmente von Pratteln-Kästeli im Depot der Archäologie Baselland im Juli 2014 zeigte, dass es sich um die Reste eines polychromen Mosaiks handelt, das aufgrund des rosafarbenen Kitts in einem Bad verlegt gewesen sein dürfte. Neben einigen schwarz-weissen Fragmenten, die von geometrischen Mustern stammen, aber kein konkretes Muster erkennen lassen, sind Fragmente eines rot-gelben Zweitstrangflechtbands und Reste einer rot-gelben Blütenranke (?) erhalten, die nicht mit dem «wilden» Mosaik vergleichbar sind. Das Gesteinsmaterial, besonders die dunkelroten und dunkelgelben *tesserae*, ist mit demjenigen von Munzach identisch; siehe unten S. 84 mit Anm. 36.
109 Fuchs 2000, 38, Abb. 30–32.
110 Delbarre-Bärtschi 2014b, 31. – Orbe, Mosaik X, Ende 2. Jh. (?): Delbarre-Bärtschi 2014b, 266: Frigidarium. – Thielle-Wavre, Datierung unklar: Delbarre-Bärtschi 2014b, 272, Taf. 50,3. – Windisch, weisse Steine, keine Datierung: Delbarre-Bärtschi 2014b, 280. – Weniger gut vergleichbar sind sogenannte «opus terrazzo-signinum»-Böden: Saint-Romain-en-Gal (Dép. Rhône), nicht datiert: Lancha 1981, 297 f., Taf. 177, Nr. 410. – Saint-Romain-en-Gal, Mitte 1. bis Mitte 2. Jh.: Lancha 1981, 302–304, Taf. 182, Nr. 416. – Saint-Clair-du-Rhône (Dép. Isère), 1. Jh. vor oder 1. Jh. n. Chr.: Lavagne 2000, 77 f., Taf. 17, Nr. 535.
111 Delbarre-Bärtschi 2014b, 31.
112 Raumzuweisung und Bezeichnung «Mosaik A, B» nach von Gonzenbach 1961, 148. In der Dokumentation zu Munzach gibt es jedoch keine Hinweise auf «Mosaik A, B», die diese Zuweisung stützen würden. Nach Joos 1985, 92 Anm. 5 und Delbarre-Bärtschi 2014b, 257 gehören die Fragmente wohl zu Mosaik III oder VI.
113 von Gonzenbach 1961, 148; gemäss Strübin/Laur-Belart 1953, 7 wurden rund 600 kleine Fragmente geborgen!

Eine eindeutige Zuweisung zu einem der Mosaiken ist heute nicht mehr möglich, denn die bei Victorine von Gonzenbach 1961 beschriebenen schwarz-weissen Fragmente sind unter den erhaltenen Fragmenten im Funddepot nicht zu identifizieren. Die erhaltenen, in Gips gefassten Kleinfragmente sind vielmehr alle polychrom und vom Muster her Mosaik III zuweisbar. Es ist deshalb zu vermuten, dass die bei von Gonzenbach 1961 erwähnten schwarz-weissen Fragmente von Mosaik V stammen, das direkt im anschliessenden Raum Z in der Portikus verlegt war, und dass die Fragmente heute nicht mehr erhalten sind.

## 3.8 Mosaik beim Quellheiligtum?

### 3.8.1 Technische Daten, Befund und Erhaltung

*Befund Mosaik:* Gemäss Rudolf Laur-Belart ist auch in der Badeanlage im Umkreis der späteren Kirche, etwa 100 Meter westlich des Herrenhauses des Gutshofs, mit einem Mosaik zu rechnen: «Nach den vereinzelt gefundenen Mosaiksteinchen zu schliessen, besass auch das Bad einen Mosaikboden.»[114] Auf diesem Hinweis fussen vermutlich Hecht/Tauber, die darauf hinweisen, dass «westlich des Herrenhauses, ebenfalls in der *pars urbana*, … bei einer Quelle ein separates Badegebäude [stand], von dem … Fragmente eines Mosaiks bekannt sind».

Die zitierten Mosaiktesserae oder -fragmente sind in der Dokumentation zu Munzach nicht erwähnt und im Mosaikmaterial im Funddepot der Archäologie Baselland nicht identifizierbar. Es könnte sich auch um aus dem Gutshofbereich verschleppte Mosaiktesserae handeln.

## 3.9 Erhaltene Fragmente im Funddepot

Nach einer Durchsicht des gesamten im Funddepot lagernden Mosaikmaterials aus Munzach im Juli 2010 ist Folgendes festzuhalten: Von Mosaik I, dem Schachbrettrapport, sind einige grosse Platten vorhanden; dieser Boden wurde 1995 vor Ort im Gelände gehoben und ins Depot gebracht.[115]

Auch von Mosaik III, dem Pfaumosaik mit Kreisen, Flechtbändern und Peltenrahmen, sind einige Fragmente erhalten, die teilweise jedoch stark restauriert und ergänzt sind (Abb. 97–99). Diese Arbeiten erfolgten 1964[116] und sind fotografisch ausführlich dokumentiert (Abb. 98; vgl. Abb. 7–9).

Von Mosaik IV liegen sechs Fragmente im Depot vor. Sie zeigen einen Kreuzblütenrapport, zweimal ein Flechtband, dreimal einen weissen Grund beziehungsweise eine weisse Rahmung, die von den Ausmassen her nur zu Mosaik IV gehören kann und dort den Randabschluss des Kreuzblütenrapports bildet (Abb. 100).

Hinzu kommen zahlreiche Kisten mit losen Mosaiksteinen, die nach ihrer Grösse zu schliessen von den Portikusmosaiken I und V stammen müssen.

Auf den Dias von Theodor Strübin sind viele auf der Grabung in den 1950er-Jahren restaurierte und in Gipsküchlein gefasste Fragmente dokumentiert, die im Juli 2010 im Funddepot nicht mehr auffindbar waren (Abb. 101). Auch der von Marcel Joos erwähnte Pferdekopf ist unter den erhaltenen Fragmenten nicht zu identifizieren. Es scheint demnach, dass zahlreiche Stücke gar nie den Weg ins Depot der Archäologie Baselland gefunden haben.

114 Laur-Belart 1951, 124.
115 Archiv Archäologie Baselland, Dokumentation 40.245 (Munzach).
116 Wie Anm. 113.

**99**
Im Funddepot der Archäologie Baselland sind insgesamt 52 Fragmente der Mosaiken III und IV erhalten. Hier ein Eckstück von Mosaik III.

**100**
Die drei restaurierten und zusammengefügten Fragmente von Mosaik IV mit der Quadriga (rechts) und dem erhaltenen Wagenrad (Fragment in der Mitte).

**101**
Die vielen, teilweise sehr kleinen Fragmente von Mosaik III wurden nach der Bergung von ihrer Bettung gelöst und in Gips gefasst. Von diesen «Küchlein» sind heute leider viele nicht mehr erhalten.

# 4 Mosaik und Raum

**102**
**Die Mosaiken II (im Hintergrund) und III *in situ*. Detail des durch den verstürzten Hypokaust stark zerstörten Mosaikbodens.**

Nach der Bestandsaufnahme und den Überlegungen zum ursprünglichen Aussehen jedes einzelnen Mosaiks stellt sich die Frage nach den Räumen, die damit ausgestattet waren. Welche Funktion kam ihnen zu? Welche Rolle spielten dabei die Mosaiken? Gibt es andere Hinweise zur Qualität der Raumausstattung? Ein weiterer Fokus gilt den handwerklichen Details: Die verwendeten Steine und die Art und Weise ihrer Bettung erlauben es, Verbindungen zu Augusta Raurica aufzuzeigen.

# Architektonische und handwerkliche Aspekte

## 4.1 Interpretation der Befunde

In der Auswertung der Befunde stehen Fragen zur Anzahl der Mosaiken, zur Funktion der Räume mit entsprechender Ausstattung, zu deren Lage im Haus sowie zur Beziehung von Mosaiken und Raumfunktion sowie zu deren Grösse und Ausstattung im Vordergrund. Zudem gilt ein besonderes Augenmerk den Beobachtungen technischer Natur.[1]

Mit einem Total von sechs Mosaiken gehört der Gutshof von Munzach in die Gruppe der am besten ausstaffierten Landgüter im Gebiet der heutigen Schweiz; im Umland von Augusta Raurica ist er nach heutigem Kenntnisstand der mit Abstand am reichsten mit Mosaiken eingerichtete Gutshof. Die in der näheren Nachbarschaft bekannten Anlagen mit Mosaiken sind alle bescheidener: In Pratteln-Kästeli (Kt. Basel-Landschaft) sind drei Mosaiken nachgewiesen, in Möhlin (Kt. Aargau) möglicherweise drei,[2] in Lausen (Kt. Basel-Landschaft), Bennwil (Kt. Basel-Landschaft) und Hölstein (Kt. Basel-Landschaft) je eines; jenseits des Juras in Zofingen (Kt. Aargau) drei und auf der rechten Rheinseite in Grenzach (Kr. Lörrach) sicher eines, jedoch ohne Teile *in situ*. Meist sind die Gutshöfe auf dem Gebiet der heutigen Schweiz nur mit ein bis zwei Mosaiken ausgestattet. Munzach mit sechs Mosaiken und die Westschweizer Herrenhäuser von Orbe (Kt. Waadt) mit 15 und Colombier (Kt. Neuenburg) mit elf Belegen sind Ausnahmen.[3]

### 4.1.1 Lage im Haus und Funktion der Räume

Alle Mosaiken von Munzach waren in der *pars urbana* als Bodenmosaiken verlegt. Sie schmückten Räume, die innerhalb des Hauses sehr nahe beieinander und teilweise in direkter Nachbarschaft lagen; die Mosaiken I und V stiessen sogar Fuge an Fuge aneinander, genau gleich wie das Zweifeldermosaik III in Augst-Insulae 41/47, das einen zweigeteilten Raum bedeckte.[4] Die Mosaiken I und V waren in einer Portikus verlegt und ein weiteres – Mosaik II – in einem Gang (Abb. 103). Sowohl Mosaiken in Portiken als auch solche in Gängen oder Durchgangsräumen sind ungewöhnlich und im Gebiet der heutigen Schweiz selten. Die einzigen weiteren Beispiele sind aus Augst-Insulae 41/47 bekannt: Mosaik VIII in einem Durchgang

---

1 Details zu den Befunden, zur Erhaltung und zu den technischen Beobachtungen siehe den Katalog der Mosaiken (Kap. 3).
2 DELBARRE-BÄRTSCHI 2014b, 253 f.
3 Orbe: DELBARRE-BÄRTSCHI 2014b, 261–267; FLUTSCH ET AL. 2001; PARATTE 2005; LUGINBÜHL ET AL. 2001. – Colombier: DELBARRE-BÄRTSCHI 2014b, 238–240; 166. – Gerade diese beiden Fundstellen zeigen zudem eindrücklich, wie sich die Anzahl der Mosaiken in der Schweiz durch die Grabungstätigkeit der letzten ca. 50 Jahre massiv vergrössert hat: 1961 erfasste Victorine VON GONZENBACH 219 Mosaiken, 2007/2014 umfasst der Katalog von Sophie DELBARRE-BÄRTSCHI 395 neue, zusätzliche Mosaiken, womit sich die Gesamtzahl für die Schweiz auf ca. 580 erhöht. Zum Vergleich: Nach der Zählung von DELBARRE-BÄRTSCHI gibt es 1961 aus Avenches 53 Mosaiken und 2007/2014 108 Belege, 1961 aus Augst 42 Böden und 2007/2014 69 Mosaiken; zudem sind von 1961 bis 2007/2014 27 neue Fundstellen, meist Gutshöfe dazugekommen; vgl. DELBARRE-BÄRTSCHI 2014b, 168.
4 SCHMID 1993, 115, Abb. 54; 63.

| | Raum | Funktion |
|---|---|---|
| Mosaik I | A | Westportikus |
| Mosaik II | B | Gang/Korridor |
| Mosaik III | E | heizbarer Wohnraum, Prunksaal? |
| Mosaik IV | F | heizbarer Wohnraum, Triclinium? |
| Mosaik V | Z | Südportikus |
| Mosaik VI | W | Annexraum zur Südportikus, Funktion? |

103 Überblick über die Funktion der Räume, in denen die Mosaiken I bis VI verlegt waren.

und die Mosaiken IV, V und XI in Portiken.[5] Offenbar waren Mosaiken in Portiken eine Spezialität der Gegend von Augusta Raurica.[6]

In Gutshöfen waren üblicherweise Wohn- und Baderäume mit Mosaiken ausgestattet. In Munzach hingegen, wo sechs Mosaiken in der *pars urbana* bezeugt sind, wies aber gerade das Bad keine entsprechende Ausstattung auf. Allerdings lassen vereinzelte Mosaiksteinchen im Bad bei der Quelle ein Mosaik vermuten, über dessen Grösse, Aussehen und Lage jedoch nichts bekannt ist.[7] Es könnte sich auch um aus dem Gutshof verschleppte *tesserae* handeln (Kap. 3.8.1).

Die beiden figürlichen Mosaiken III und IV, Pfau- und Quadrigamosaik, waren in heizbaren Räumen verlegt, die ganzjährig als Wohn- und Repräsentationsräume nutzbar waren.[8] Denkbar ist, dass das Pfaumosaik einen Prunksaal und das Quadrigamosaik ein *triclinium*, also einen Speisesaal schmückte.[9] Die beiden Gemächer, in denen der Gutshofbesitzer in der kälteren Jahreszeit vielleicht seine Gäste empfing, waren durch den Gang mit Mosaik II verbunden. Im Sommer hielt man sich eher im Freien auf, etwa im Hof zwischen den beiden Portiken mit den Mosaiken I und V, und nutzte die Säulengänge vielleicht zum Lustwandeln mit Gästen.

Welche Funktion der Raum mit Mosaik VI, dem «wilden» Mosaik, inne hatte, ist unklar. Ob dieser Annexraum zur Portikus allenfalls in Beziehung zum nahegelegenen Bad stand, muss offen bleiben.

### 4.1.2 Grösse und Fläche

Die beiden Portikusmosaiken I und V nehmen eine riesige Fläche ein (Abb. 10): Rekonstruieren lassen sich für Mosaik I 145,9 und für Mosaik V 150,2 Quadratmeter. Im Vergleich dazu nehmen sich das Gladiatorenmosaik aus der Insula 30 von Augusta Raurica mit 64,2 Quadratmetern, die beiden Portikusmosaiken IV und V aus den Insulae 41/47 mit 29,9 beziehungsweise 28,3 Quadratmetern relativ bescheiden aus.[10] Die Portikusmosaiken von Munzach sind allein schon daher aussergewöhnlich

---

5 Mosaik XI aus Augst-Insulae 41/47 liegt ebenfalls in einer Portikus; der Boden ist aber nur durch einen schmalen Sondierschnitt angeschnitten, weshalb genaues Aussehen und Ausdehnung dieses Bodens nicht bekannt sind; Schmid 1993, 123–125, Abb. 72.

6 Delbarre-Bärtschi 2014b, 140.

7 Laur-Belart 1951, 124; Hecht/Tauber 1998, 452.

8 Auch aus zahlreichen Gebäuden in Augusta Raurica liegen Mosaiken in geheizten Räumen vor: Die erhaltenen 23 Mosaikböden in Augusta Raurica, die in hypokaustierten Räumen verlegt waren, stammten aus insgesamt elf Gebäuden; siehe S. 76, Anm. 18.

9 Delbarre-Bärtschi 2014b, 138 f.

10 Die Portikus, in der Mosaik XI von Augst-Insulae 41/47 verlegt war, hatte nach den Luftbildaufnahmen etwa eine Länge von 30 m. Da das Mosaik aber nur in einem schmalen Sondierschnitt nachgewiesen ist, kann über die ursprüngliche Längenausdehnung des Bodens nichts Gesichertes gesagt werden; Schmid 1993, 123–125, Abb. 72.

und haben in dieser Hinsicht im Gebiet der heutigen Schweiz keine Entsprechung. Darüber hinaus sind die beiden Mosaiken mit 3,2 (Mosaik I) und 3,25 Metern (Mosaik V) fast gleich breit. In der Länge variieren sie zwischen 45,6 und 46,2 Metern. Es fällt auf, dass die beiden Mosaiken wie die beiden Portikusmosaiken aus Augst-Insulae 41/47 fast, aber nicht genau gleich gross sind.[11]

Die Mosaiken II, III, IV und VI sind mit Flächen von 18,6, 36,9, 22 und 52,5 Quadratmetern nicht besonders gross und deutlich kleiner als etwa das Augster Gladiatorenmosaik; ihre Flächen entsprechen etwa denjenigen, die in Augusta Raurica in Wohnräumen verlegt waren.[12]

### 4.1.3 Die Beziehung des Musters zur Raumfunktion

Die beiden sehr grosse Flächen einnehmenden Mosaiken I und V der Portiken weisen einfache, schwarz-weisse Flächenrapporte auf – ein auch in Augusta Raurica bekannter Befund.[13] Wie dort wurde zudem auch in Munzach ein einfaches geometrisches, schwarz-weisses Muster in einem Gang verlegt (Mosaik II). Für Bodenmosaiken in Portiken und Durchgängen bevorzugte man folglich gerne einfache schwarz-weisse, geometrische Muster.

Die figürlichen Mosaiken III und IV sind zu fragmentarisch erhalten, als dass eine gesicherte Aussage über den inneren Zusammenhang zwischen Bildinhalt und Raumfunktion möglich wäre. Immerhin ist festzuhalten, dass sie in Wohnräumen liegen; ein gängiges Phänomen bei solchen Mosaiken.

Der erhaltene Pfau von Mosaik III kann sowohl zu einer mythologischen («Orpheus»-)Darstellung als auch zu einer Alltagsszene gehören. Immerhin lässt das Wagenrennen von Mosaik IV vermuten, dass der Auftraggeber, eine Affinität zu Circusszenen mit Wagenrennen hatte – ein bei den Römern allgemein sehr beliebtes Thema.

### 4.1.4 Anpassung an die Architektur des Raums

Die Mosaiken I bis V sind alle in viereckigen Räumen verlegt. Sie belegen dabei jeweils die gesamte Bodenfläche, wobei der Abschluss von Mosaik V im Osten bei der Treppe nicht gesichert ist. Rings um die geometrischen Rapporte oder Rahmungen der figürlichen Mosaiken, die meist gemittet sind, wurden die Zwischenräume bis an die Wände vollständig mit einfarbigem Belag ausgefüllt. Die Böden sind somit in ihrer Ausdehnung sorgfältig für die Räume konzipiert und in diese eingepasst worden. Auch für das in einem trapezförmigen Raum verlegte Mosaik VI scheint dies der Fall zu sein, obwohl dort der Mosaikbelag nicht ganz bis an die Wände des Raums erhalten war.

Die einfachen geometrischen Flächenrapporte der Mosaiken I und II zeigen keinen Bezug zur Architektur des Gebäudes. Hingegen ist das weiss auf schwarze Plattenmuster von Mosaik V wohl an drei Stellen unterbrochen,[14] dort wo an der südlichen Längsseite der Portikus je eine Treppe von der Portikus zu den Räumen S, V und W hinaufführt. Erhalten ist lediglich eine zweistufige Treppe zu Raum S; die anderen beiden sind analog zu ergänzen. Diese Rapportunterbrechung kommt

|  | Breite (m) | Länge (m) | Fläche (m²) |
|---|---|---|---|
| **MUNZACH** | | | |
| Mosaik I | 3,20 | 45,60 | 145,90 |
| Mosaik II | 1,90 | 9,80 | 18,60 |
| Mosaik III | 5,90 | 6,25 | 36,90 |
| Mosaik IV | 3,90 | 5,65 | 22,00 |
| Mosaik V | 3,25 | 46,20 | 150,20 |
| Mosaik VI | 3,70 | 13,90/ 14,50 | 52,50 |
| **AUGUSTA RAURICA** | | | |
| Insulae 41/47, Mosaik IV | 2,60 | 11,50 | 29,90 |
| Insulae 41/47, Mosaik V | 2,40 | 11,80 | 28,30 |
| Insula 30, Gladiatorenmosaik | 6,55 | 9,80 | 64,20 |

104
Breite, Länge und Fläche der Mosaiken I bis VI und von Vergleichen aus Augusta Raurica.

---

11 SCHMID 1993, 122, Abb. 55 f. Die beiden Portikusmosaiken aus Augst-Insulae 41/47 sind ebenfalls nicht genau gleich lang: Mosaik IV ist 11,5 m lang, die Länge von Mosaik V beträgt 11,8 m.
12 Vgl. SCHMID 1993, 157, Abb. 81.
13 SCHMID 1993, 159.
14 Das Unterbrechungsmuster ist einmal vollständig auf der Höhe von Raum S und in wenigen Fragmenten auf der Höhe von Raum W erhalten, der dritte Rapportunterbruch ist aus Symmetriegründen zu ergänzen (Kap. 3.5.2).

**105**
Relative Chronologie der Mosaiken I bis IV: Alle fünf Mosaiken wurden gleichzeitig verlegt. Die Mosaiken I, III und IV sind durch Türschwellen über den Korridor mit Mosaik II (Bildmitte) architektonisch miteinander verbunden. Mosaik I und Mosaik V sind zudem Fuge an Fuge gesetzt.

immer genau zwischen zwei Portikussäulen zu liegen. Damit nimmt der Wechsel des Mosaikmusters sowohl Bezug auf die Durchgänge zu den anderen Räumen als auch auf die Architektur der Portikus.

Bei figürlichen Darstellungen auf Mosaiken orientieren sich die Motive oft an der Ausrichtung der Räume und vor allem an den Eingängen; manchmal sind die Bilder auch zum Mittelmedaillon oder Mosaikzentrum hin ausgerichtet.[15] Bei Mosaik III von Munzach war der erhaltene Pfau um 90 Grad im Uhrzeigersinn vom Eingang abgewandt; er nahm vielleicht Bezug auf die Darstellung eines Mittelmedaillons. Die erhaltene Quadriga von Mosaik IV ist ebenfalls nicht auf die Blickachse des Eingangs ausgerichtet, sondern um 90 Grad im Gegenuhrzeigersinn abgedreht. Bei Rekonstruktionsvariante 1 rotieren die vier Gespanne um das Mosaikzentrum, wobei die dem Eingang am nächsten gelegene Quadriga genau auf diesen ausgerichtet wäre. Bei Rekonstruktionsvariante 2 sind zwei Quadrigen der Raumseite mit dem Annexmosaik, wo vielleicht die Klinen standen, und die anderen beiden der gegenüberliegenden Wand zugewandt (vgl. Abb. 77).

### 4.1.5 Die Verkleidung der Wände

Ausser mit den Mosaiken am Boden waren die Räume teilweise auch mit Wandverkleidungen versehen: Die Räume mit den Mosaiken III, IV und V waren laut Dokumentation mit einfachem rotem Wandverputz versehen, der Raum von Mosaik III zusätzlich noch mit weissem Verputz, ebenso der Raum mit Mosaik II.[16] Ob die Wand der Portikus mit Mosaik I verkleidet war, ist nicht dokumentiert. Ebenso wenig haben sich allfällige Verputzreste von den Wänden des Raumes mit Mosaik VI erhalten.

Der Raum mit Mosaik IV wies zusätzlich zum polychromen Mosaik mit Wagenrennen und rotem Wandverputz an der Ost- und Südwand Reste von Wandplatten aus weissem Kalkstein auf, die in den Ecken besonders gut erhalten waren.

---

15 VON GONZENBACH 1961, 307.

16 Ob es sich dabei tatsächlich nur um unverzierten, einfarbigen Verputz handelt, wird sich vielleicht bald klären, denn zurzeit (2016) wird die Dokumentation der Fundkomplexe und des zugehörigen Fundmaterials von Sandra BILLERBECK der Archäologie Baselland aufgearbeitet.

**106**
Mosaik V *in situ*. Das weiss auf schwarze Plattenmuster stösst Fuge an Fuge an den Schachbrettrapport von Mosaik I an. Der Restaurator Erhardt Löliger vermisst gerade die Tesseragrössen. Im Vordergrund ist die «punktierte Linie» als Abschluss des schwarz-weissen Schachbrettrapports von Mosaik I erkennbar, die an «Teppichfransen» erinnert.

An den andern beiden Wänden war diese Verkleidung nicht belegt. Die Platten schlossen direkt über dem Mosaik an und waren bis zu 0,36 Meter hoch erhalten. In der Südostecke des Raums verkleideten sie eine vorspringende Mauerecke, auf die auch der schwarze Rahmen des Mosaikbodens Rücksicht nahm (vgl. Abb. 110). Diese Wandverkleidung unterstreicht die luxuriöse Ausstattung des hypokaustierten mutmasslichen *tricliniums*.

### 4.1.6 Relative Chronologie der Mosaiken

Anhand der Lage und Niveaus der Mosaiken und der Fugen und Türschwellen lässt sich die relative Chronologie der Mosaiken I bis V klar aufzeigen:

Mosaik I stösst direkt an Mosaik V an: Die beiden Mosaiken sind weder durch einen Absatz oder eine Mauer noch durch eine sonstige Begrenzung von einander abgesetzt. Die Verlegung der beiden Böden erfolgte Fuge an Fuge, gleichzeitig und in einem Zug (Abb. 106).

Mosaik I liegt mit 327,21 m ü. M. auf derselben Höhe wie Mosaik II mit 327,18 m ü. M. Der Niveauunterschied beträgt lediglich drei Zentimeter. Der Übergang oder die Kontaktzone zwischen den beiden Mosaiken ist aber nicht erhalten. Es sieht so aus, als habe ursprünglich eine Schwelle zwischen der Westportikus A mit Mosaik I und dem schmalen Korridor B mit Mosaik II bestanden, die heute aber fehlt. Auch wenn der Anschluss der beiden Mosaiken I und II zerstört ist, ist auch hier – wie bei den Mosaiken I und V – davon auszugehen, dass die beiden gleichzeitig verlegt wurden (Abb. 105).

Der Übergang zwischen den Mosaiken II und III sowie den Mosaiken II und IV wird jeweils durch eine Schwelle gebildet, der die drei Räume miteinander verbindet. Zudem liegen alle drei auf demselben Niveau: Mosaik II auf rund 327,18, Mosaik III auf etwa 327,22, Mosaik IV auf 327,19 und die Schwelle zwischen Mosaik II und Mosaik III auf 327,19 m ü. M. Die Gleichzeitigkeit der drei Böden ist deshalb mit grosser Wahrscheinlichkeit anzunehmen. Auch aufgrund der symmetrischen Anordnung der Räume mit den Mosaiken II, III und IV ist davon auszugehen, dass sie zu einer architektonischen Einheit gehören. Insgesamt spricht demnach nichts dagegen, dass sie alle zeitgleich verlegt wurden.

Das zeitliche Verhältnis von Raum W mit Mosaik VI, dem «wilden» Mosaik, zu den übrigen Böden ist hingegen nicht ganz klar. Die absolute Höhe des Bodens lag

↑ 107

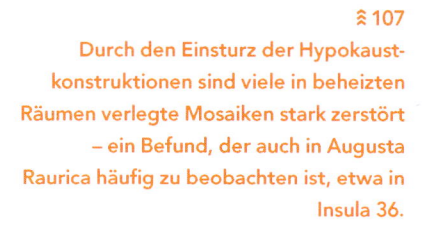

Durch den Einsturz der Hypokaustkonstruktionen sind viele in beheizten Räumen verlegte Mosaiken stark zerstört – ein Befund, der auch in Augusta Raurica häufig zu beobachten ist, etwa in Insula 36.

↑ 108 | ↑ 109

Reste von Mosaiken im Versturz von Hypokaustanlagen in den Insulae 28 und 41/47 von Augusta Raurica.

› 110

Mosaik III *in situ*. Detail des durch den eingebrochenen Hypokaust in Mitleidenschaft gezogenen Mosaikbodens.

auf rund 326,90–98 m ü. M. und damit etwa 30 Zentimeter tiefer als die der Mosaiken I bis V mit etwa 327,2 m ü. M. Geht man davon aus, dass Raum W ebenfalls über eine zweistufige Treppe von der Portikus Z mit Mosaik V zugänglich war, ist zu folgern, dass Mosaik VI unter dem Niveau von Raum W zur Zeit von Mosaik V lag und damit eindeutig älter als dieses sein muss.

## 4.2 Technologische Beobachtungen

### 4.2.1 Erhaltung und Reparaturen

Mosaik II war fast vollständig *in situ* erhalten und nur an wenigen Stellen in der Westhälfte leicht beschädigt – wohl verursacht durch den Einbau von Pfosten einer nachmosaikzeitlichen Nutzung (vgl. Abb. 23; 24).[17] Hingegen waren die beiden in heizbaren Räumen installierten Mosaiken III und IV durch den Versturz des Hypokausts sehr stark in Mitleidenschaft gezogen und vor allem in den Mittelpartien fast vollständig zerstört. Dieses Schicksal erfuhren viele Mosaiken, wie allein 23 Mosaikböden in Augusta Raurica dokumentieren (Abb. 107–109).[18] Nur an wenigen Stellen waren verstürzte Fragmente noch mehr oder weniger *in situ* erhalten (vgl. Abb. 48; 65). Die Randpartie der beiden Böden war besser erhalten, da an diesen Stellen der Hypokaust intakt geblieben war (Abb. 110; 112).

Auch die in den Portiken verlegten Mosaiken I und V waren stellenweise nicht mehr erhalten. Beide weisen aber grössere zusammenhängende Partien *in situ* auf. Von Mosaik V ist in der Westhälfte der Südportikus noch fast ein Drittel der ursprünglichen Fläche erhalten, also etwa 45 Quadratmeter. Von den zerstörten Teilstücken dieser beiden Mosaiken wurden bei der Grabung Tausende von losen *tesserae*

---

17   Zu Erhaltung und Reparaturen vgl. S. 71, Anm. 1.
18   SCHMID 1993, 156–158, Abb. 81.

|  | statumen | rudus | nucleus | Kitt |
|---|---|---|---|---|
| Mosaik I | Humus mit Steinen 9–10 cm<br>reiner Kalkmörtel (Abfall Bauphase) 0–3 cm<br>Planieschichten; anstehender Boden | weisser Kalkmörtel mit Steinen 11–12 cm | feiner rötlicher Ziegelschrotmörtel 4–4,5 cm | weisser Kalkmörtel 0,5–1,0 cm |
| Mosaik II | Erde mit einzelnen Geröllen 8–12 cm<br>Kalkgussschicht 0–8 cm<br>anstehender Boden | Mörtellage mit grobem Ziegelschrot und Kieseln 7–8 cm | feiner rötlicher Ziegelschrotmörtel 3,5–4,5 cm | weisser Kalkmörtel etwa 0,5 cm |
| Mosaik III | Suspensuraplatten 56 cm × 56 cm × 4,5 cm<br>darunter kleinere Bodenplatten und<br>60 cm hohe Pfeiler aus Tonplatten | Kalkmörtel mit Steinen und wenig Ziegelschrot 4,5–6,5 cm | feiner rötlicher Ziegelschrot 2–3,5 cm | Kalkguss 0,4–0,7 cm |
| Mosaik IV | wohl wie Mosaik III | wohl wie Mosaik III | wohl wie Mosaik III | wohl wie Mosaik III |
| Mosaik V | wie Mosaik I auf Bauschutt verlegt | Kalkkieselguss/Kalkmörtel etwa 10–12 cm | Ziegelmörtel etwa 4–5 cm | weisser Kalkmörtel etwa 1 cm |
| Mosaik VI | ? | ? | 10 cm Mörtelboden aus Kalkguss und rötlichem, sehr feinkörnigem Ziegelschrot, darin zahlreiche schwarze und weisse Mosaikstifte, zum Teil in Verband, also sekundär verlegte Mosaikfragmente | kein Kitt |

aufgelesen, die sich vom ihrem Untergrund gelöst hatten. Das exponiertere Nordende von Mosaik I ist offenbar der Erosion oder dem Pflug zum Opfer gefallen.

Der Raum mit Mosaik VI wurde nur partiell ausgegraben, weshalb über die Erhaltung des Bodens keine Aussagen möglich sind.

Nur einer der Böden wurde bereits in der Antike repariert, indem man eine Fehlstelle behelfsmässig ausgebessert hat: Mosaik III wies nach Theodor STRÜBIN und Rudolf LAUR-BELART in der Nordwestecke in der Nähe der Tür eine «mit Kalkmörtel ausgegossene Flickstelle auf, deren Hohlraum mit liegenden Wasserrinnen und anderem Material angefüllt war». Diese Ausbesserung ist vermutlich entlang der Wand im Peltenrahmen nahe der Türschwelle zu suchen, wurde aber leider fotografisch nicht dokumentiert (vgl. Abb. 48).[19]

### 4.2.2 Bettung

Die Bettung der Munzacher Mosaiken I bis V entspricht in etwa dem im Gebiet der heutigen Schweiz üblichen Aufbau (Abb. 111):[20] Die Mosaiken I, II und V, die in ungeheizten Räumen verlegt waren, weisen zur Stabilisierung des Untergrunds eine Schicht aus Humus und Steinen auf, das sogenannte *statumen*, das nach Vitruv 8–12 Zentimeter dick sein soll (Vitruv, VII, 1). Diese unterste Schicht besteht bei den Mosaiken I und V aus Bauschutt und Planieschichten (Abb. 113–115). Den Mosaiken III und IV, die auf Hypokausten lagen, fehlt diese Stabilisierungsschicht; an ihre Stelle treten die Suspensuraplatten (Abb. 116). Diese Art des Unterbaus ist auch in Augusta Raurica mehrfach nachgewiesen (vgl. Abb. 117). Darüber folgt bei den Mosaiken I bis V eine Schicht aus gröberem Ziegelschrot- oder Kalkmörtel, der *rudus* mit einer Mächtigkeit von 4,5–12 Zentimetern. Auf dieser Schicht

**111**
Aufbau der Bettung der Mosaiken I bis VI.

**112**
Deteil von Mosaik III *in situ*.

---

19 STRÜBIN/LAUR-BELART 1953, 6.
20 Alle Angaben in Katalog und Text zur Bettung stammen – falls nicht anders vermerkt – von JOOS 1985, 90–92. – Zur Bettung allgemein vgl. SCHMID 1993, 164–166, Abb. 83; vgl. auch DELBARRE-BÄRTSCHI 2014a, Abb. 3.

≋ 113 | ≋ 114 | ‸ 115
Schnitt durch die Bettung von Mosaik V: Über einem dicken Packet aus Humus, Steinen, Architekturteilen und Bauschutt, das die unterste Schicht der Bettung (*statumen*) bildet, folgen eine 10–12 Zentimeter mächtige Schicht aus Kalkmörtel (*rudus*), eine 4–5 Zentimeter dicke Schicht aus Ziegelschrotmörtel (*nucleus*) und der etwa zentimeterstarke Kitt, in den die *tesserae* gesetzt sind.

› 116
Mosaik III *in situ*. Südostecke des hypokaustierten Raums. Die unterste Schicht der Bettung (*statumen*) fehlt und wird durch die Suspensuraplatten ersetzt. Darüber folgt der klassische Unterbau des Mosaiks aus Kalkmörtel (*rudus*), Ziegelschrotmörtel (*nucleus*) und Kitt.

liegt eine dünnere aus feinerem Ziegelschrotmörtel, der *nucleus* mit einer Stärke von 2–4,5 Zentimetern. Alle Mosaiktesserae sind schliesslich in einen weissen, 0,5–1 Zentimeter dicken Kitt aus Kalkmörtel gesetzt.

Mosaik VI weist eine andere Bettung auf: eine rund 5–10 Zentimeter dicke Mörtelschicht aus Kalkguss und rötlichem Ziegelschrot, in welche die Mosaikstifte direkt gesetzt sind; eine zusätzliche Festigung der *tesserae* fehlt.

### 4.2.3 Metrische Beobachtungen

Die Länge des römischen Fuss, des *pes Romanus* (pR) von 29,6 Zentimetern, ist in Augusta Raurica als Grundeinheit der Vermessung mehrfach belegt.[21] Die Architektur des Gutshofs von Munzach nimmt auf diese Masseinheit ebenfalls Rücksicht: Nach den Messungen von STRÜBIN und LAUR-BELART ist der 1952 freigelegte Nordteil der *pars urbana* 14,75 Meter oder 50 römische Fuss breit, 34 Meter oder 120 römische Fuss lang und durch Quermauern in fünf fast gleich grosse Raumgruppen von 6,7–7 Metern oder 24–25 römische Fuss Breite eingeteilt.[22]

Die Mosaizisten berücksichtigten den römischen Fuss ebenfalls als Masseinheit: Die Mosaiken I bis V weisen alle Längen und Breiten auf, die auf römische Fusseinheiten Bezug nehmen (Abb. 118). Lässt man die Rahmung der Mosaiken weg, sind die Breiten sogar konsequent Vielfache von vier und die Längen Vielfache von acht römischen Fuss.

Auch die Kreismotive der Mosaiken lassen bestimmte Masseinheiten erkennen: Der Kreis von Mosaik IV hat einen Durchmesser von elf römischen Fuss. Der Durchmesser der Kreuzblüten desselben Mosaiks beträgt 1,5 römische Fuss; ein Befund, der auch an anderen Flächenrapporten dieses Typs in der Nordschweiz zu

---

21 SCHATZMANN 2003, 79 f., Anm. 139. Zur Vermessung in Augusta Raurica allg. vgl. SCHAUB 2000; HUFSCHMID 2009, 129–136; BERGER 2012, 49–52; COX 2014.

22 STRÜBIN/LAUR-BELART 1953, 3, Abb. 2: Ausgegraben waren bis zu diesem Zeitpunkt die Räume A–M. – Auch der bronzene Wasserspeier in Form eines Delfins, der zu einer wohl im Garten installierten Brunnenanlage gehörte, zeigt in seinen Abmessungen Bezüge zum römischen Fussmass; EWALD/KAUFMANN-HEINIMANN 1978, 30.

|  | Breite | Breite ohne Rahmen | Länge | Länge ohne Rahmen | Detailmasse |
|---|---|---|---|---|---|
| Mosaik I | 11 | 8 | 154 | 152 | Seitenlänge Schachbrettfeld 1 1/3 |
| Mosaik II | 6,5 | 4 | 33 | 32 | Seitenlänge Schachbrettfeld 2/3 |
| Mosaik III | 20 | 16 | 21 | 16 | Durchmesser grosser Kreis innen 3, aussen 6<br>Durchmesser kleiner Kreis innen 2,5, aussen 4<br>Breite Peltenrahmen 1,5 |
| Mosaik IV | 13 | 12 | 19 | 16 | Durchmesser Kreis 11<br>Durchmesser Kreuzblüte 1,5 |
| Mosaik V | 11 | 8 | 156 | 152 | Länge grössere Platten 2 2/3<br>Breite kleinere Platten 1 1/3<br>(beide inkl. weissem Linienband) |
| Mosaik VI | ? | ? | ? | ? | |

117
Die genau gleiche Bettung wie Mosaik III zeigt Mosaik II aus Augst-Insula 32, das ebenfalls auf Suspensuraplatten verlegt war.

118
Masse der Mosaiken in römischen Fuss. Die Längen und Breiten der Mosaiken I bis V nehmen alle Bezug auf Vielfache von vier und acht römischen Fuss.

beobachten ist: Alle Kreuzblüten haben einen Durchmesser von einem römischen Fuss oder einem Mehrfachen davon.[23]

Die Medaillons von Mosaik III nehmen ebenfalls Bezug auf den römischen Fuss: Die grossen Kreise haben einen Durchmesser innen von drei, aussen von sechs römischen Fuss, die kleinen innen einen Durchmesser von zweieinhalb und aussen von vier. Der Peltenrahmen ist eineinhalb römische Fuss breit.

Im Weiteren zeigen auch die Vierecke bestimmte Gesetzmässigkeiten: Die Seitenlänge der Schachbrettfelder von Mosaik I beträgt 1 1/3 römische Fuss und damit dem Doppelten derjenigen von Mosaik II (2/3 pR). Die Felder des weiss auf schwarzen Plattenmusters von Mosaik V weisen ebenfalls zwei Grössen auf: Die grösseren Platten, von denen drei die Breite des Rapports von 8 römischen Fuss einnehmen, sind je 2 2/3 römische Fuss lang, die Breite der kleineren beträgt genau die Hälfte (1 1/3 pR). Wir finden in den Plattengrössen demnach das gleiche Verhältnis wie im Falle der Schachbrettfelder der Mosaiken I und II.

Die meisten römischen Mosaiken mit geometrischen Mustern sind nach einem bestimmten Konstruktionsschema aufgebaut, das von den Winkelhalbierenden des Vierecks ausgeht: Das durch die vier Winkelhalbierenden sich ergebende, übereck gestellte Quadrat in der Mitte bildet das Modul des Aufbau- oder Konstruktionsschemas und entspricht in seiner Diagonalen der Länge des Mosaiks minus der Breite des Mosaiks (Abb. 120; Modul = L–B). Dieses so gebildete Gitternetz, dessen Schema von Richard PRUDHOMME erschlossen wurde, erstreckt sich über das gesamte Mosaik, und der geometrische Rapport ist in diesem einbeschrieben.[24]

Auch die Munzacher Mosaiken I bis V sind nach diesem Schema konstruiert (Abb. 119; 121). Der Schachbrettrapport der Mosaiken I und V entspricht genau dieser Gliederung: Der Aufbau über die Winkelhalbierenden geht bei beiden Mosaiken auf; der Rapport ist jeweils ein Modul breit und 19 Module lang. Ein Modul misst in der Diagonalen exakt acht römische Fuss, das Mosaik weist somit eine Länge von 152 römischen Fuss auf.

Das Schachbrettmuster von Mosaik II lässt zwar ebenfalls das Aufbauschema von PRUDHOMME erkennen (Abb. 119), der Aufbau geht aber nicht genau auf: Das Muster besteht aus 6 × 46 statt 48 Feldern. Bei 48 Feldern wäre der Rapport 8 Module beziehungsweise 32 römische Fuss lang und ein Modul breit; ein Modul misst in der Diagonalen vier römische Fuss.

---

23 SCHMID 1993, 168 f., Abb. 84.
24 PRUDHOMME 1975. Entsprechende in die Bettung des Mosaiks eingeritzte Gitterlinien wurden bei einigen Mosaiken in Nordafrika (Tunesien) beobachtet.

|  | Länge von Modul 1 | Rapportlänge (o. Rahmen) | Rapportbreite (o. Rahmen) | Rapportaufbau über Winkelhalbierende |
|---|---|---|---|---|
| Mosaik I | = Rapportbreite<br>= 6 Schachbrettfelder<br>= 6 × 40 cm<br>= 240 cm<br>= 8 pR | Rapportlänge<br>= 19 Module<br>= 152 pR | = 1 Modul<br>= 8 pR | Geht auf. |
| Mosaik II | = Rapportbreite<br>= 6 Schachbrettfelder<br>= 6 × 20 cm<br>= 120 cm<br>= 4 pR | geht nicht genau auf:<br>6 × 46 (statt 48) Felder<br>= knapp 8 Module<br>= 32 pR | = 1 Modul<br>= 4 pR | Ginge mit 48 Feldern auf. |
| Mosaik III | Mosaik = Quadrat, deshalb kein Modul für den Aufbau | – | – | Die Mittelpunkte der vier grossen Kreise und des kleinen Kreises im Zentrum liegen auf den Kreuzpunkten der Winkelhalbierenden. |
| Mosaik IV | = Breite Kreuzblüten-rapport<br>= 4 pR | Mosaiklänge<br>= 4 Module<br>= 16 pR | = 3 Module<br>= 12 pR<br>> 1 Modul = 4 pR | Die Quadrigen liegen genau auf den Winkelhalbierenden. Der Aufbau von 3 auf 4 Modulen entspricht dem klassischen Aufbau. |
| Mosaik V | = Rapportbreite<br>= 6 Plattenfelder<br>= 240 cm<br>= 8 pR | Rapportlänge<br>= 19 Module<br>= 152 pR | = 1 Modul<br>= 8 pR | Geht auf. |

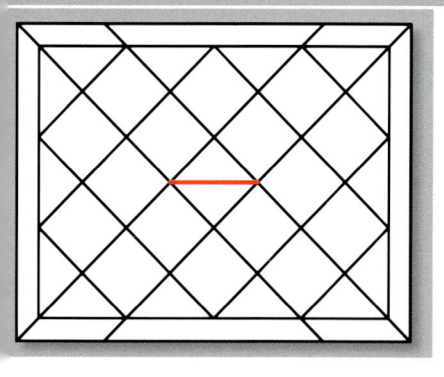

≈ 119
Tabellarische Zusammenstellung der Konstruktionsschemata der Mosaiken I bis V.

▲ 120
Das Konstruktionsschema geometrischer Mosaiken nach der Theorie von Richard Prudhomme 1975: Ausgehend von den Winkelhalbierenden ergibt sich ein Gitternetz aus übereck gestellten Quadraten. Die Länge eines Moduls (rot) entspricht der Länge minus der Breite der Mosaikfläche (Modul = L–B).

Das Pfaumosaik III mit den neun Kreisen und Flechtbändern, ist ein Quadrat, deshalb ergibt sich kein Modul für das Aufbauschema. Die Mittelpunkte der vier grossen Kreise und des kleinen Kreises im Zentrum (gemäss Variante 1) liegen auf den Kreuzpunkten der Winkelhalbierenden.

Das Quadrigamosaik IV hält sich wiederum an das Konstruktionsschema (Abb. 119): Die Quadrigen liegen genau auf den Winkelhalbierenden. Das Mosaik ist ohne Rahmen vier Module lang und drei Module breit; der Kreuzblütenrapport ist genau ein Modul breit, was 4 römischen Fuss entspricht. Der Aufbau von drei mal vier Modulen entspricht dem klassischen Aufbauschema von PRUDHOMME.

Die Modulgrössen lassen demnach eine Gesetzmässigkeit erkennen: Bei den Mosaiken I und V ist ein Modul acht römische Fuss lang und bei den Mosaiken II und IV beträgt die Länge eines Moduls die Hälfte, nämlich vier römische Fuss. Wir finden demnach die gleichen Verhältnisse wie bei den Längen und Breiten der Mosaikmuster.

Die nicht eindeutig gesicherte Grösse des Raums und ein fehlendes erkennbares Muster lassen im Fall von Mosaik VI keine entsprechenden Beobachtungen zu.

### 4.2.4 Das Tesseramaterial

Zur Setztechnik der Mosaiken von Munzach wurden bei der Freilegung keine Besonderheiten beobachtet beziehungsweise dokumentiert. Zu erwähnen wären hier beispielsweise Fugen im Mörtel oder Kitt, Vorzeichnungen, Einritzungen oder Hilfslinien in der Oberfläche des Mörtels oder auch anders als die sie umgebende Mosaikfläche gesetzte Partien, die auf vorfabrizierte Teilstücke hinweisen würden.[25]

Fugen im Mörtel oder Unterschiede in der Art des verwendeten Kitts wären auch eindeutige Indizien für Mosaikreparaturen. Wie erwähnt, gibt es jedoch einzig

---

25 Die These von Marcel JOOS, dass Mosaik VI («wildes» Mosaik) aus sekundär verwendeten Mosaikfragmenten gesetzt wurde, ist m. E. nicht glaubhaft; vgl. oben S. 67 f. mit Anm. 105.

20 m

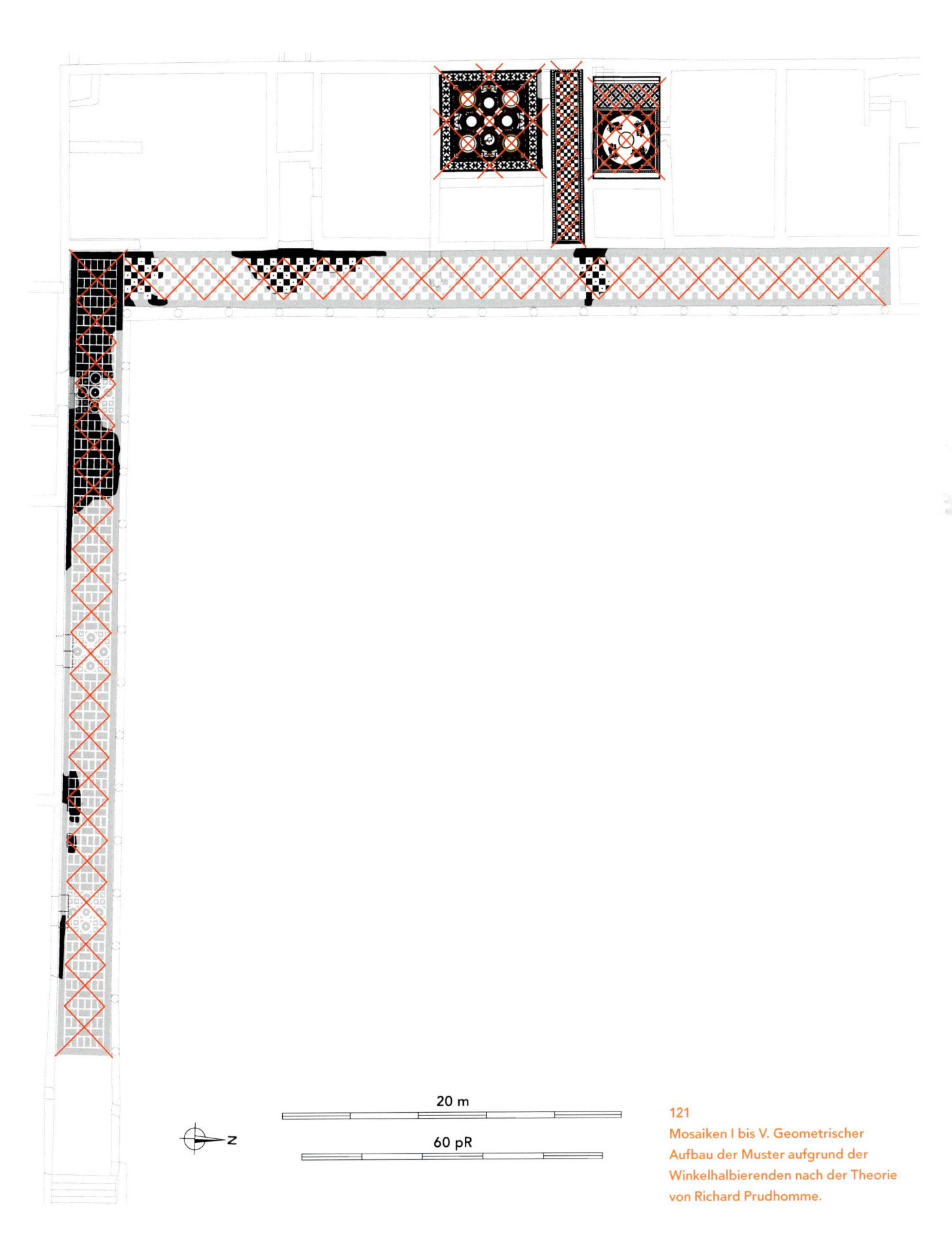

60 pR

**121**
Mosaiken I bis V. Geometrischer
Aufbau der Muster aufgrund der
Winkelhalbierenden nach der Theorie
von Richard Prudhomme.

|  | Kanten | Form | Joos 1985, 90–92 |
|---|---|---|---|
| Mosaik I | 1,5–3 cm | sehr unregelmässig | 2,7–2,85 cm |
| Mosaik II | 1–1,3 cm | regelmässig | 1,22–1,28 cm, Randzone 1,45–1,48 cm |
| Mosaik III | 1,5–2 cm (äusserer Rahmen)<br>1–1,7 cm (Feld- und Medaillonrahmen)<br>0,6 cm (Medaillons) | unregelmässig | 0,65–1,51 cm |
| Mosaik IV | 1–2 cm (Rapport)<br>1–1,2 cm (Quadratfeldrahmen)<br>0,3–0,8 cm (Bild) | unregelmässig | 0,55–1,66 cm |
| Mosaik V | 1,5–3 cm | unregelmässig | 2,59–2,95 cm |
| Mosaik VI | – | stiftförmig | 1,05–1,07 cm, Länge 2,24–2,28 cm |

**122** Die Tesseragrössen und -formen der Mosaiken I bis VI.

den Hinweis auf eine behelfsmässig geflickte Fehlstelle in der Nordwestecke von Mosaik III.[26]

Wie vermutet sind die Tesseragrössen je nach Muster unterschiedlich: Die beiden Mosaiken I und V mit grossen Mustern und imposanten Flächen sind aus sehr groben und unregelmässigen, 1,5–3 Zentimeter grossen Steinwürfeln gesetzt (Abb. 122). Mosaik II zeigt ein sehr gleichförmiges geometrisches Muster; die *tesserae* weisen entsprechend regelmässige Kantenlängen von 1–1,3 Zentimetern auf.

Erwartungsgemäss bestehen die Rahmenzonen der Mosaiken aus eher gröberen Steinen. Sie variieren bei den Mosaiken II, III und IV zwischen einem und zwei Zentimetern Kantenlänge. Die Bildfelder der Mosaiken III und IV bestätigen ebenfalls die bereits vielfach gemachte Beobachtung von kleinen *tesserae* von 0,3–0,8 Zentimetern bei figürlichen und vegetabilen Mustern.

Mosaik VI wurde mit stiftförmigen *tesserae* gesetzt, mit Kanten an der Oberseite von 1–1,1 Zentimetern und einer Länge von 2,3 Zentimetern. Derartige Steine sind in Augusta Raurica unter anderem in den Frauenthermen in der Insula 17 nachgewiesen, vielleicht als Auskleidung eines Bassins. Die Nähe von Mosaik VI zum Bad des Gutshofs lässt vermuten, dass der Raum mit dem «wilden» Mosaik zu den Räumlichkeiten des Badekomplexes gehört haben könnte; der rosafarbene Fugenkitt oder -mörtel bei beiden Befunden widerspricht dieser These nicht.

### 4.2.5 Materialbestimmungen und Farbwahl

Das verwendete Tesseramaterial der Mosaiken von Munzach lässt sich petrografisch sehr gut mit demjenigen aus Augusta Raurica vergleichen: Nach den Untersuchungen von Marcel Joos kam dasselbe Gesteinsmaterial zum Einsatz. Bis auf den hellgrauen Marmor und den grünen Prasinit wurden ausschliesslich einheimische Kalksteine verwendet, die in den Steinbrüchen und Aufschlüssen der Region anstehen, beispielsweise in Pratteln (Kt. Basel-Landschaft), Muttenz-Rütihard (Kt. Basel-Landschaft), Magden (Kt. Aargau), Röschenz (Kt. Basel-Landschaft), im Birstal, Wiesental oder in Degerfelden (Kr. Lörrach).[27]

---

26 Siehe oben S. 36, Anm. 24 und S. 77, Anm. 19.
27 Zu den folgenden Ausführungen vgl. Berger/Joos 1971, 89–98, Tab. 4, Abb. 25; Joos 1985.

**123** ⌃
Die einzige, zerbrochene *tessera* aus Glas, die in Munzach nachgewiesen ist, ist dunkelblau opak und dürfte sekundär verlagert sein, denn sie wurde in der Nordostecke der *pars rustica* gefunden. M 1:1.

**124** ‹
Das Munzacher Glaskuchenfragment ist dunkelgrün opak und als Nachweis für eine lokale Mosaikherstellung zu werten (Vorder- und Rückseite). M 1:1.

In allen sechs Böden kam ein Stinkkalk zum Einsatz, der in vielen Schwarz-, Grau- und Braunschattierungen vorhanden ist. Auch der weisse Oolith, ein Rogenstein, kommt häufig vor und kann von hellgrau bis rosa variieren; nur in Mosaik VI wurde er durch einen weissen Weissjurakalk ersetzt, ein ebenfalls regionales Gestein. Der tiefschwarze Kieselschiefer (Lydit) wurde in den Mosaiken III, IV und VI verwendet; er steht in den Vogesen und im Schwarzwald an.

Die polychromen *tesserae* in Rot-, Gelb- und Braunschattierungen der Mosaiken III und IV sind ebenfalls einheimische Gesteine aus der näheren Umgebung. Nur der hellgraue Marmor ist ein Import wohl aus Carrara (Prov. Massa-Carrara, Toskana) und der grüne Prasinit stammt aus den Alpen.[28]

In keinem der sechs Mosaiken sind *tesserae* aus Keramik nachgewiesen.[29]

Auch Glastesserae sind in Munzach im Verband nicht zum Vorschein gekommen. In Fundmaterial figuriert jedoch eine einzelne lose, dunkelblaue, opake *tessera* und das Fragment eines dunkelgrünen Glaskuchens für die Herstellung von *tesserae*, das vor Ort tätige Mosaizisten bezeugt (Abb. 123; 124).[30] Letzteres wurde in Raum B gefunden, in dem Mosaik II mit dem schwarz-weissen Schachbrettrapport verlegt war. Dieser Gang wird flankiert von den beiden Räumen mit den polychromen

---

28 SCHMID 1993, 171 f.
29 Keramik ist aber auch in den Mosaiken von Augusta Raurica selten verwendet worden; SCHMID 1993, 179 f.
30 FÜNFSCHILLING/RÜTTI 1998, 49; *tessera* aus Glas: Abb. 9, Nr. 71 (blau, opak); Glaskuchenfragment: Nr. 74 (ohne Abb.; dunkelgrün, opak). Nachinventarisierung und Fundortzuweisung der Funde 2016 durch Sandra BILLERBECK, Archäologie Baselland: Glastessera (in drei Teile zerbrochen, grösstes Fragment 1,5 cm lang): Inv. 40.105.10286, FK D4508, Haus 5 der *pars rustica* in der Nordostecke des Gutshofs. Glaskuchenfragment (5,5 cm lang, 2 cm dick): Inv. 40.105.10285, FK D4118, Raum S der Badeanlage in der Südwestecke der *pars urbana*. – Im Fundgut der jüngeren Grabungen in Munzach sind keine Glastesserae vertreten; Recherche von Andreas FISCHER in der Datenbank der Archäologie Baselland (Juli 2014) und Durchsicht der gesamten Glasfunde aus Munzach im Depot (Januar 2016). Es ist aber zu bedenken, dass die jüngeren Grabungen alle in der *pars rustica* stattfanden, in der keine Mosaiken zu erwarten sind.

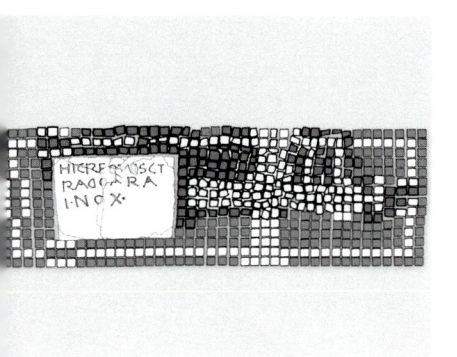

**125**
Rekonstruktionsversuch des Grabmosaiks aus der Kirche von Sissach, unter Verwendung eines etwa zeitgleichen Epitaphs aus dem Bereich der Friedhofkirche der Kastellnekropole von Kaiseraugst. Länge etwa 1,35 Meter.

**126**
Das frühmittelalterliche Mosaik in der Kirche von Sissach könnte aus sekundär verwendeten Mosaiksteinen aus Munzach hergestellt worden sein, und zwar am ehesten mit *tesserae* der Mosaiken I und V. Das Mosaik wurde um 650 n. Chr. über dem Grab eines 6–7 Jahre alten Mädchens angelegt. Erhaltene Länge 1,25 Meter.

Mosaiken III und VI; das Glaskuchenfragment könnte somit ein Hinweis auf die Verwendung von Glastesserae in einem der beiden polychromen Mosaiken sein.[31]

Das fast vollständige Fehlen ist nach Joos auffällig, da Glas in Mosaiken des frühen 3. Jahrhunderts mit figürlichen Darstellungen zu erwarten wäre.[32] Glastesserae sind aber auch in Augusta Raurica selten *in situ* belegt, nämlich nur gerade zweimal: in Insula 28, Mosaik I und im Gladiatorenmosaik von Insula 30. Lose *tesserae* aus Glas hingegen sind zahlreich als Einzelfunde nachgewiesen.[33]

Nach Ansicht von Joos wurden die figürlichen Bildfelder der Mosaiken III und IV von Munzach bewusst zerstört und die polychromen Steine geraubt, da diese weitgehend fehlen. Diese gezielte Entwendung der selteneren farbigen *tesserae* könnte für Reparaturen an Mosaiken etwa in Augst oder Kaiseraugst verübt worden sein.[34] Dem ist entgegenzuhalten, dass die figürlichen Bildmosaiken III und IV, die beide in beheizten Räumen verlegt waren, durch das Einstürzen des Hypokausts zerstört wurden und die kleinen *tesserae* vielleicht im Schutt übersehen oder nicht geborgen wurden.[35] Würde die These von Joos zutreffen, müsste es Befunde von Mosaiken in Augst oder in der Umgebung von Munzach und/oder Augst geben, die jünger sind und polychrome *tesserae* aufweisen; entsprechende Nachweise fehlen aber bis heute. Immerhin zeigt das frühmittelalterliche Grabmosaik mit der weiss auf schwarzen Darstellung eines Kreuzes im Fussboden der ältesten Kirche von Sissach, dass in nachrömischer Zeit Mosaiksteine wiederverwendet wurden: Das Mosaik besteht aus schwarzen und weissen Kalksteinwürfeln, die starke Abnützungsspuren und Spuren von anhaftenden Mörtelresten zeigen. Beides spricht für eine Zweitverwendung römischer Steine. Die Kantenlängen der *tesserae* von 2,5–3 Zentimetern und die Übereinstimmung des Gesteinsmaterials lassen zudem vermuten, dass es sich um *tesserae* von den Portikusmosaiken I und V in Munzach handelt (Abb. 125; 126).[36]

---

31 In Augusta Raurica sind mehrere Fragmente von Glaskuchen verschiedener Farbe nachgewiesen. Die Fundpunkte zeigen zwar eine Konzentration in den zentralen Insulae um Insula 30 und lassen dort den Standort einer Werkstatt vermuten. Eine genauere Lokalisierung in diesem Bereich ist aber nicht möglich; vgl. Schmid 2008b. – Auch in Avenches gibt es Hinweise auf lokal tätige Mosaizisten: Delbarre-Bärtschi 2010; Delbarre-Bärtschi 2014a.

32 Joos 1985, 89.

33 Schmid 1993, 176–179.

34 Joos 1985, 89; vgl. auch Schmid 1993, 172.

35 Auch in Augusta Raurica sind einige figürliche Mosaiken in hypokaustierten Räumen verlegt gewesen und deshalb weitgehend zerstört; vgl. S. 76 mit Abb. 107–109 und Anm. 18.

36 Marti 1998, bes. 297: Grab eines 6–7-jährigen Mädchens aus der jüngeren Merowingerzeit, um 650 n. Chr.

|  | dunkelrot | ockergelb | hellgrau | grün | Mosaikstifte |
|---|---|---|---|---|---|
| **MUNZACH** | | | | | |
| Mosaik I | | | | | |
| Mosaik II | | | | | |
| Mosaik III | ● | ● | ● | ● | |
| Mosaik IV | ● | ● | ●? | ●? | |
| Mosaik V | | | | | |
| Mosaik VI | | | | | ● schwarz/weiss |
| **AUGUSTA RAURICA** | | | | | |
| Insulae 41/47 | ● | ● | ● | ● | |
| Insula 1 | ● | ● | | ● | |
| Kastelen, Slg. Stehlin | ● | ● | ● | ● | |
| Insula 24 | ● | | | | |
| Insula 27 | ● | ● | | | |
| Insula 28 | ● | ● | | ● | |
| Insula 30 | ● | ● | ● | | |
| Insula 31 | | | | | ●?, schwarz/weiss |
| Insula 36 | ● | ● | | | |

Weitere Hinweise auf lokal tätige Mosaizisten oder auf eine Mosaikwerkstatt vor Ort liefern neben Glaskuchen(fragmenten) auch platten- oder stangenartige Steinfragmente; solche sind im Fundmaterial von Munzach aber nicht nachgewiesen.[37]

## 4.2.6 Verbindungen mit Augusta Raurica

Neben den häufig auftretenden weissen und schwarzen Kalksteintesserae beziehungsweise ihren Schattierungen sind für die Augster Mosaiken, im Speziellen für die Mosaiken aus den Insulae 41/47, blutrot 18 (dunkelrot), ockergelb 7 (dunkelgelb), hellgrauer Marmor 41 und dunkelgrüner Prasinit sehr charakteristisch (Abb. 130).[38] Diese vier Farben treten auch in den polychromen Mosaiken III und IV von Munzach auf, und zwar in derselben Kombination: Sowohl in den Flechtbändern als auch in der Füllung der Herz- und Glockenblüten wurden immer dieselben Farben zusammen kombiniert. Dieser Befund spricht eindeutig dafür, dass beide Mosaikkomplexe von der gleichen Werkstatt verlegt wurden (Abb. 127–129; vgl. Abb. 138–140).

Dass es in Augusta Raurica eine Werkstatt gegeben haben muss, die über die Stadtgrenze hinaus tätig war, bezeugen weitere Arbeiten aus Gutshöfen im Umland von Augusta Raurica, beispielsweise die Mosaiken aus Hölstein, Lausen, Bennwil und Pratteln-Kästeli (alle Kt. Basel-Landschaft), in denen ebenfalls dasselbe Tesseramaterial mit denselben Farbkombinationen nachgewiesen ist.[39]

**127 ⇗ | 128 ⇗ | 129 ⌃**

In den Mosaikkomplexen von Munzach und Augst-Insulae 41/47 (unten) treten die gleichen Farben dunkelrot, dunkelgelb, hellgrau und grün auf.

**130 ⌃**

Die für die Mosaiken von Munzach und Augusta Raurica charakteristischen Gesteinssorten und -vorkommen.
M I–V  schwarz Stinkkalk, weiss Oolith
M III   tiefschwarz Kieselschiefer, dunkelrot, grün Prasinit, ockergelb, gelb, braun, hellgrau Marmor
M IV   tiefschwarz Kieselschiefer, dunkelrot, hellrot, karmin, braun, hellgrau Marmor
M VI   schwarz Stinkkalk, tiefschwarz Kieselschiefer, weiss Weissjurakalk

---

37 Eine Durchsicht der Plattenfragmente von Sockel- und Wandverkleidungen aus Stein und Marmor aus Munzach im Depot der Archäologie Baselland im Juli 2014 erbrachte keinerlei Hinweise auf plattenartige oder stangenartige Steinfragmente, die eine Zurichtung durch Mosaizisten vor Ort belegen würden. – In Augusta Raurica sind hingegen schwarze und weisse platten- und stangenartige Steinfragmente und Steinsplitter in den Insulae 8 und 27 gefunden worden, welche die Mosaikherstellung an beiden Orten belegen. Mosaikfragmente der dazugehörenden Böden sind in beiden Gebäuden bezeugt; vgl. Schmid 2008b.

38 Bestimmung, Bezeichnung und Nummerierung nach Berger/Joos 1971 und Joos 1985.

39 Schmid 1993, 170–172, Abb. 85; 185 f., Anm. 922.

# 5 Die Datierung

**131**
**Eine gleichzeitige Entstehung der Munzacher Mosaiken lassen schon die einheitlichen Bodenniveaus vermuten, wie etwa die Situation mit der Schwelle zwischen den Mosaiken II und III schön zeigt.**

Die frühen Ausgrabungen im Herrenhaus des Gutshofs von Munzach nahmen leider keine Rücksicht auf stratigrafische Zusammenhänge. Dies hat zur Folge, dass sich die Mosaikböden nicht über Fundmaterial datieren lassen, das mit ihnen in Verbindung zu bringen wäre. Die zeitliche Einordnung muss deshalb über die Kenntnisse zur allgemeinen Entwicklung des Gutshofs und über stilistische Vergleiche erfolgen. Die Indizien bekräftigen, dass die Mosaiken I bis V anlässlich einer umfassenden Modernisierung des Herrenhauses im frühen 3. Jahrhundert wohl zur gleichen Zeit eingebaut wurden. Ob auch das «wilde» Mosaik VI im Zuge dieser Arbeiten oder schon einiges früher entstand, ist ungewiss.

# Archäologische und kunsthistorische Indizien

## 5.1 Datierung aufgrund des Befunds und der stilistischen Vergleiche

Auch wenn die Befunde des Gutshofs von Munzach noch nicht ausgewertet sind, lässt sich aufgrund der Analyse der relativen Chronologie der Mosaiken eindeutig nachweisen, dass die Mosaiken nicht zur Erstausstattung der Gebäude, sondern zu später erfolgten Umbauten gehören. Die Mosaiken I und V etwa sind gleichzeitig auf Bauschutt älterer Phasen verlegt (vgl. Abb. 113–115; Kap. 4.1.6) und die Hypokausteinbauten in den Räumen mit den Mosaiken III und IV sind ebenfalls spätere Installationen.

Die stilistischen Vergleiche der Mosaiken I bis V und besonders die vielen Übereinstimmungen und Gemeinsamkeiten mit den Mosaiken aus Augst-Insulae 41/47 legen eine gleichzeitige Datierung ins frühe 3. Jahrhundert n. Chr. nahe.[1] Die meisten Mosaiken in den Gutshöfen im Gebiet der heutigen Schweiz wurden bei Renovationen oder Umbauten während der zweiten Hälfte des 2. und am Anfang des 3. Jahrhunderts eingebaut.[2] Dies gilt demnach auch für Munzach. Eine Gleichzeitigkeit von Mosaik VI mit den Mosaiken I bis V ist aufgrund des Befunds, insbesondere der absoluten Höhen, hingegen unwahrscheinlich (Kap. 4.1.6); die stilistischen Vergleiche weisen diesen Boden ins spätere 1. oder frühere 2. Jahrhundert n. Chr. und lassen eine deutlich ältere Entstehungszeit vermuten (Kap. 5.2.1).

## 5.2 Kunstgeschichtliche Einordnung der Mosaiken

Im Folgenden werden die verschiedenen Aufbauschemata und das Musterrepertoire der Mosaiken von Munzach charakterisiert.[3] Neben Parallelen aus Augusta Raurica werden auch weitere Vergleiche herangezogen sowie die Datierung und Verbreitung diskutiert (Abb. 132).

---

1. Datierung der Mosaiken aus den Insulae 41/47 von Augusta Raurica: SCHMID 1993, 131: frühes 3. Jh. – Die zeitliche Einordnung der Munzacher Mosaiken ins frühe 3. Jh. widerspricht den Datierungen in der bisherigen Literatur nicht: VON GONZENBACH 1961, 145. 148: spätestes 2. bis frühes 3. Jh. – JOOS 1985, 88 f.: um 230 n. Chr. – DELBARRE-BÄRTSCHI 2014b, 159: Munzach und Augst-Insulae 41/47 sind gleichzeitig, frühes 3. Jh.
2. DELBARRE-BÄRTSCHI 2014b, 152.
3. Angaben zu Beschreibung, Datierung, usw. zu den herangezogenen Vergleichen und Parallelen siehe Kap. 3.

### 5.2.1 Aufbauschemata und Musterrepertoire

*Flächenrapporte*
Nachweise:
- Diagonaler Kreuzblütenrapport in Mosaik IV
- Orthogonaler Schachbrettrapport in den Mosaiken I und II
- Orthogonales weiss auf schwarzes Plattenmuster in Mosaik V

Unter den Munzacher Mosaiken sind drei verschiedene Flächenrapporte vertreten. Der diagonal laufende Kreuzblütenrapport mit Füllmotiv (Mosaik IV) wird ins spätere 2. und frühe 3. Jahrhundert datiert und tritt häufig und weit verbreitet auf. Er ist auch in Augusta Raurica ein beliebtes Muster. Der orthogonale Schachbrettrapport begegnet in Munzach gleich auf zwei Mosaiken (Mosaiken I und II). Er kommt seit dem letzten Viertel des 2. Jahrhunderts vor und begegnet vor allem auf Portikus- und Korridormosaiken sowie auf Böden in Vorräumen. Ausserhalb von Munzach ist er relativ selten, aber in der Nordschweiz, beispielsweise in Augusta Raurica, einige Male belegt.

Das weiss auf schwarze orthogonale Plattenmuster mit schwarzen «Platten» und weissen «Fugen» von Mosaik V weist ins späte 2. und an den Beginn des 3. Jahrhunderts. Es stammt ursprünglich aus Italien und ist im Gebiet der heutigen Schweiz sehr selten; das einzige weitere Beispiel neben Munzach ist aus Nyon (Kt. Waadt) bekannt.

*Zentralkompositionen*
Nachweise:
- Quadratische Zentralkomposition mit acht oder neun Kreisen in Mosaik III
- Quadrat mit eingeschriebenem Kreis in Mosaik IV

Die Zentralkomposition mit neun Kreisen (Mosaik III, Variante 1) ist sehr ungewöhnlich und absolut singulär; die Variante mit acht Kreisen ist ebenfalls sehr selten (Mosaik III, Variante 2). Das Quadrat mit eingeschriebenem Kreis (Mosaik IV) ist ein typisches Aufbauschema des späteren 2. und 3. Jahrhunderts, aber ebenfalls nicht sehr häufig. Zwei schöne Beispiele aus Augusta Raurica liegen in Insula 28, Mosaik III und Insula 30, Gladiatorenmosaik vor. Einige Mosaiken dieser Art sind auch aus Avenches (Kt. Waadt) bekannt. Charakteristisch für die Schweizer Vergleiche sind die einfache Einzeldarstellung auf viel weissem Hintergrund und die breite Rahmung des runden Mittelbilds.

*Figürliche Füllmotive*
Nachweise:
- Pfau in Mosaik III
- Wagenrennen in Mosaik IV

Der nach rechts schreitende Pfau (Mosaik III) begegnet uns ab und zu auf Mosaiken. Er gehört zusammen mit anderen Vögeln zu den Begleittieren des Orpheus. Manchmal tritt der Pfau aber auch mit weiteren Vögeln zusammen auf, und aufgrund des bisherigen Fehlens von mythologischen Darstellungen im Raurikergebiet ist in Munzach von einer Interpretation als Orpheusmosaik abzusehen. Im Gebiet der heutigen Schweiz ist der Pfau auf dem Orpheusmosaik von Yvonand (Kt. Waadt) neben Munzach die bis heute einzige Darstellung dieser Art. In Gallien ist er auf Mosaiken des späteren 2. und früheren 3. Jahrhunderts hingegen sehr häufig bezeugt. Generell treten Vögel auf Mosaiken im Raurikergebiet aber hin und wieder auf. Aus Augusta Raurica sind vier Beispiele bekannt. In der Westschweiz und in Gallien sind sie ebenfalls sehr beliebt.

Die Darstellung eines Wagenrennens (Mosaik IV) ist im Gebiet der heutigen Schweiz singulär, obwohl sie sich im ganzen römischen Reich grundsätzlich grosser Beliebtheit erfreute. Die frühesten Beispiele weisen zeitlich ans Ende des 2. Jahrhunderts, die Mehrheit hingegen wird ins 3. und 4. Jahrhundert datiert. Figürliche

Darstellungen sind im Raurikergebiet generell selten; aus Augusta Raurica sind neben dem Gladiatorenmosaik aus Insula 30 mit Fischen und kämpfenden Paaren nur gerade ein Pferdekopf von Kastelen, Slg. STEHLIN, möglicherweise das Bein einer Figur aus den Rheinthermen, Region 20E, und ein paar Vögel nachgewiesen.[4]

*Nicht figürliche Füllmotive*
Nachweise:
- Herz- und Glockenblüten in den Mosaiken III und IV

Ornamentale Zwickelfüllungen in Form von Herz- und Glockenblüten mit seitlichen langen Stängeln und Trieben kommen in Munzach in den beiden Mosaiken III und IV vor. Die in Grösse und Stil fast identischen Herz- und Glockenblüten aus Augst-Insulae 41/47, Mosaik VII legen die Vermutung nahe, dass die beiden Munzacher Mosaiken von der gleichen Werkstatt verlegt wurden. Solche Blüten waren in ähnlicher Form sehr verbreitet auf Mosaiken des frühen 3. Jahrhunderts, etwa in Augst-Insula 30, Gladiatorenmosaik, und Herzogenbuchsee (Kt. Bern), Mosaik II, aber auch auf vielen Böden Galliens und Germaniens.

*Rahmenmotive*
Nachweise:
- Peltenrahmen in Mosaik III
- Zweistrangflechtband in den Mosaiken III und IV
- Getreppte Dreiecke in den Mosaiken III und IV
- Wellenband beziehungsweise Laufender Hund in Mosaik III
- Mäander in Mosaik III
- Schwarz auf weisses Litzenband in Mosaik II
- Punktierte Linie in den Mosaiken I und II
- Breite Rahmung der Bildfelder in Mosaik III

Der einreihige Peltenrahmen (Mosaik III) wird ans Ende des 2. und ins frühe 3. Jahrhundert datiert. Er ist in Augusta Raurica viermal und als Flächenrapport zweimal anzutreffen. Das Motiv der Pelten ist auf Mosaiken im Süden und in Zentralgallien unbekannt, sehr häufig dagegen bei den Treverern, in Germanien und im Raurikergebiet.

Das Zweistrangflechtband (Mosaiken III und IV) ist ein sehr weit verbreitetes Leitornament der Medaillonrapporte und Zentralkompositionen des späteren 2. und 3. Jahrhunderts und ist auch in Augusta Raurica sehr beliebt. Das Gladiatorenmosaik aus Augst-Insula 30 zeigt ebenfalls verschieden farbige Zweistrangflechtbänder, wie sie in den Mosaiken III und IV vorkommen. Ähnlich wie in Munzach kreuzen sich zwei durchlaufende rot-gelbe und rot-rote Flechtbänder, und die Gladiatorenbilder sind je mit einem grün-grauen und das Mittelmedaillon mit einem rot-gelben Flechtband gerahmt.

Das Band getreppter Dreiecke (Mosaiken III und IV) ist ein seit dem 2. Jahrhundert sehr häufig und weit verbreitet auftretendes Muster. Es ist auch in Augusta Raurica und an anderen Orten mehrere Male nachgewiesen und oft mit weiteren Mustern kombiniert.

Das Wellenband beziehungsweise der Laufende Hund (Mosaik III) tritt im Gebiet der heutigen Schweiz ab der Mitte des 2. Jahrhunderts auf und ist besonders im Helvetiergebiet sehr beliebt. In Augusta Raurica ist das Muster nur ein einziges Mal belegt.

Der farbige Mäander auf schwarzem Grund (Mosaik III) ist im Gebiet der heutigen Schweiz bisher nur aus Munzach bekannt, aber seit der ersten Hälfte des 3. Jahrhunderts im Rheinland und im Besonderen in Trier häufig anzutreffen. Er

132 (nachfolgende Doppelseite) › Überblick über das Musterrepertoire der Mosaiken I bis VI von Munzach und dessen Auftreten in Augusta Raurica und an anderen Fundorten.

4    Zu den Vögeln siehe oben S. 46, Anm. 37.

| Muster | Mosaik I | Mosaik II | Mosaik III | Mosaik IV | Mosaik V | Mosaik VI | Vergleich Augst, Insulae 41/47 |
|---|---|---|---|---|---|---|---|
| diagonaler Kreuzblütenrapport | | | | ● (diagonal) | | | Mosaik XI (Ausrichtung?) |
| orthogonaler Schachbrettrapport | ● | ● | | | | | Mosaik IX (Ausrichtung?) |
| orthogonales weiss auf schwarzes Plattenmuster | | | | | ● (weiss auf schwarz) | | |
| quadratische Zentralkomposition | | | ● | | | | |
| Quadrat mit eingeschriebenem Kreis | | | | ● | | | |
| figürliche Darstellung: Pfau | | | ● | | | | |
| figürliche Darstellung: Quadriga | | | | ● | | | |
| vegetabiles Muster: Glocken- und Herzblüte | | | rot-gelb, in Eck- und Randzwickeln | wohl in Eckzwickeln | | | Mosaik VII (rot-gelb in Zwickel, rot-gelb und grün-grau in Fries) |
| Peltenrahmen | | | einreihiger Rahmen | | | | Mosaik IV (Flächenrapport) Mosaik V (dito) |
| Zweistrangflechtband | | | rot-gelb, grün-grau, rot-rot | rot-rot rot-hellrot | | | Mosaik VII (rot-gelb) |
| getreppte Dreiecke | | | ● (in Kreis) | ● | | | Mosaik III; Mosaik IV; Mosaik VI; Mosaik X (in Kreis und gerade) |
| Wellenband/ Laufender Hund | | | gelb rot | | | | |
| Mäander | | | rot-gelb rot-rot | | | | |
| Litzenband | | ● (schwarz auf weiss) | | | | | Mosaik VI (weiss auf schwarz); Mosaik XI |
| äusserer Abschluss als «punktierte Linie» | ● | ● | | | | | |
| breite Rahmung | | | | ● | | | |
| Mosaikstifte («semi-irréguliers») | | | | | | ● | |

| Vergleich Augst, Insula 30 | Weitere Vergleiche aus Augst | weitere Vergleiche, Bemerkungen |
|---|---|---|
| | Insula 32, Mosaik I (diagonal)<br>Insula 1, Mosaik II (Ausrichtung unklar)<br>Insula 3, Mosaik III (diagonal)<br>Insula 24, Mosaik I (diagonal) | Sehr verbreitet. In Augst häufig belegt. |
| | Insula 10, Mosaik I (diagonal, dreifarbig)<br>Insula 28, Mosaik III (diagonal)<br>Slg. Bruckner (diagonal) | Nicht sehr häufig. In der Nordschweiz einige Belege.<br>Alle Augster Vergleiche sind diagonallaufend. |
| Mosaik I, Gladiatorenmosaik (schwarz auf weiss) | Region 5H (schwarz auf weiss) | Sehr selten in der Schweiz.<br>Einziger weiterer Vergleich Nyon (weiss auf schwarz). |
| | | Singulär. |
| Mosaik I, Gladiatorenmosaik | Insula 28, Mosaik III | Nicht sehr häufig. Einige Vergleiche in Avenches. |
| | Insula 1, Mosaik I (Vogel)<br>Kastelen, Slg. Stehlin (Vogel)<br>Insula 24, Mosaik II (Vogel)<br>Insula 28, Mosaik I (Vogel) | Im Raurikergebiet Pfau singulär. Sehr selten in der Schweiz.<br>Einziger weiterer Beleg Yvonand, Orpheusmosaik.<br>Vögel in Augst hie und da belegt. |
| | | Wagenrennen in Region singulär. Figürliche Darstellungen im Raurikergebiet selten, auch in Augst: Insula 30, Gladiatorenmosaik (Gladiatoren und Fische), Kastelen, Slg. Stehlin (Pferdekopf), Rheinthermen, Region 20E (Bein einer Figur). |
| Mosaik I, Gladiatorenmosaik (rot-gelb in Zwickel und Fries) | | In Augst-Insulae 41/47 fast identische Vergleiche, wohl gleiche Werkstatt. Sehr verbreitet.<br>Sehr guter Vergleich Herzogenbuchsee, Mosaik II.<br>Beliebt in Gallien und Germanien. |
| | Insula 1, Mosaik I (halb-reihiger Rahmen = eine liegende Pelte hoch); Kastelen, Slg. Stehlin (dito); Insula 5 (Rahmen oder Rapport unklar); Insula 10, Mosaik II (dito) | Beliebt im Raurikergebiet. Unbekannt im Süden und in Zentralgallien, sehr häufig im Treverergebiet und in Germanien. |
| Mosaik I, Gladiatorenmosaik (rot-gelb, rot-rot, grün-grau) | Kastelen, Slg. Stehlin (rot-gelb)<br>Insula 28, Mosaik I (rot-gelb)<br>Insula 36 (rot-gelb, rot-rot)<br>Insula 27 (rot-gelb) | Sehr verbreitet. |
| | Insula 32, Mosaik II<br>Kastelen, Slg. Stehlin; Insula 5;<br>Insula 24, Mosaik I; Insula 28, Mosaik II<br>Insula 28, Mosaik III (in Kreis) | Sehr verbreitet. |
| | Insula 28, Mosaik III | Sehr beliebt im Helvetiergebiet.<br>In Augst nur einmal belegt. |
| | | Singulär im Gebiet der heutigen Schweiz. |
| | | In Augst nur in den Insulae 41/47 belegt.<br>Konzentration in Nordwest-Schweiz, wohl gleiche Werkstatt. Aus Italien. Fehlt in Mittel- und Südgallien. |
| Mosaik II (Schuppenrapport) | | Sehr verbreitet. In Augst nur einmal belegt.<br>In der Nordschweiz bei orthogonalen Schachbrettrapporten beliebt. |
| Mosaik I, Gladiatorenmosaik | | Sehr verbreitet in Gallien und Germanien. |
| | | Nördlich der Alpen sehr selten. Einzige weitere Vergleiche Orbe, Thielle-Wavre, Windisch. Aus Italien. |

**133**
Augst-Insula 31, Mosaik *in situ*. Das schwarz-weisse schachbrettartige Muster ist sehr unregelmässig gesetzt und wirkt zum Teil, als wären stellenweise Mosaikfragmente neu verlegt worden.

zeigt, dass auch germanische Werkstattkreise die Munzacher Mosaiken beeinflusst haben.

Das schwarz auf weisse Litzenband (Mosaik II) tritt in Italien seit der zweiten Hälfte des 2. Jahrhunderts häufig auf und begegnet uns danach auch in Gallien und Germanien. Das im Gebiet der heutigen Schweiz eher seltene Muster ist in Augst-Insulae 41/47 zweimal bezeugt. Eine Konzentration des Motivs im späten 2. und frühen 3. Jahrhundert in der Nordwestschweiz lässt an eine lokale oder regionale Werkstatt denken.

Der äussere Abschluss mit einer schwarz-weissen Steinreihe («punktierte Linie»; Mosaiken I und II) ist sehr verbreitet und tritt ab der Mitte des 2. bis ins 3. Jahrhundert auf. In Augusta Raurica ist er hingegen nur einmal bezeugt im schwarz-weissen Schuppenrapport von Insula 30, Mosaik II. In der Nordschweiz ist dieser äussere Abschluss bei orthogonalen Schachbrettrapporten recht beliebt, beispielsweise in Hölstein (Kt. Basel-Landschaft), Zofingen (Kt. Aargau) und Kloten (Kt. Zürich), ebenso in der Westschweiz in Avenches, Yvonand, Chéseaux und Orbe (alle Kt. Waadt).

Die breite Rahmung der Bildfelder (Mosaik III) ist typisch für Medaillonmosaiken und Zentralkompositionen des späteren 2. und 3. Jahrhunderts. Ein schönes Beispiel ist das Gladiatorenmosaik aus Augst-Insula 30. Breite Rahmungen sind in Gallien und Germanien sehr verbreitet.

*«Wildes» Mosaik*
Nachweise:
- Mosaik VI

Das scheinbar wahl- und konzeptlos aus weissen und schwarzen Mosaiksteinen gesetzte Mosaik VI weist kein erkennbares Muster auf. Es gehört nach Sophie DELBARRE-BÄRTSCHI zu den sogenannten «semis irréguliers»-Böden, die nördlich der Alpen sehr selten sind und neben Munzach nur noch in Orbe (Kt. Waadt), Thielle-Wavre (Kt. Neuenburg) und Windisch (Kt. Aargau) vorkommen. In Italien hingegen ist dieser Dekor oft nachgewiesen, besonders in der Region von Pompeji.

Entfernt vergleichbar ist das Mosaik aus Augst-Insula 31, dessen schachbrettartiges Muster so unregelmässig gesetzt ist, dass gewisse Partien wie sekundär verlegte Mosaikfragmente wirken (Abb. 133). Dieses wird ins spätere 1. bis frühere 2. Jahrhundert datiert. In die gleiche Zeit weisen weitere Augster Böden mit schwarzen und weissen, stiftförmigen tesserae, was eine Einordnung des Munzacher Mosaiks in diese Zeit unterstützt. Ähnlich sind die verschiedenen Reparaturen am Venatio-Mosaik aus Vallon (Kt. Freiburg); da es sich in diesem Fall aber eindeutig um Flickstellen handelt, sind sie nicht direkt vergleichbar.

# 6 Stilistische Ansätze

**134**
**Mosaik VI aus der Stadtvilla von Insula 41/47 in Augusta Raurica: quadratische Felder mit Kompositrosetten und Litzenband.**

Die bisherigen Untersuchungen haben gezeigt, dass die Mosaiken von Munzach stilistische Einflüsse aus verschiedenen Regionen des Römischen Reiches aufgenommen und zum Teil durchaus eigenständig umgesetzt haben. Etliche Elemente zeigen Beziehungen nach Augusta Raurica und dort insbesondere zum herrschaftlichen «Palazzo» der Insulae 41/47. Es wird angenommen, dass diese grosse Liegenschaft, die sich an bester Lage über zwei Insulae erstreckt, einem hohen städtischen Beamten oder reichen Handelsherrn gehörte. Aufgrund der Verbindungen ist durchaus denkbar, dass es die städtische Residenz desselben Gutsherrn war, der im frühen 3. Jahrhundert auch seinen Landsitz in Munzach umfassend modernisierte.

## Die Stellung der Munzacher Mosaiken im überregionalen Kontext

Die Mosaiken von Munzach lassen sich stilistisch und chronologisch folgendermassen charakterisieren (vgl. Abb. 132):

Sie zeichnen sich einerseits durch teilweise sehr grossflächige, einfache, geometrisch schwarz-weisse Flächenrapporte aus und andererseits durch komplexe Konstruktionsschemata. Zudem sind Kreismotive in unterschiedlichster Art vertreten.

Geometrische Muster wie der Kreuzblüten- und der Schachbrettrapport sind sehr verbreitete Dekors. Aufbauschemata wie das Quadrat mit eingeschriebenem Kreis sind für das Raurikergebiet hingegen selten; die quadratische Zentralkomposition ist ungewöhnlich und singulär.

Sowohl die geometrischen als auch die figürlichen Mosaiken weisen in den flächendeckenden Rapporten ausschliesslich orthogonale Muster auf; einzige Ausnahme ist der diagonale Kreuzblütenrapport.

Eine Besonderheit der Munzacher Mosaiken ist der «Teppichcharakter» mit der «punktierten Linie» und dem Litzenband (Abb. 135–137).

Für das Raurikergebiet ebenfalls ungewöhnlich ist zudem das Vorkommen von zwei figürlichen Mosaiken bei einem Bestand von nur sechs Mosaiken, denn solche sind für die Gegend von Augusta Raurica eher selten.[1] Da bis heute mythologische Themen auf Mosaiken im Umland von Augusta Raurica fehlen, ist die Deutung des Pfaumosaiks als Orpheusmosaik eher unwahrscheinlich. Die Darstellung eines Wagenrennens ist für das Gebiet der heutigen Schweiz einzigartig.

Die polychromen, figürlichen und vegetabilen Mosaiken von Munzach zeichnen sich durch eine sehr zurückhaltende Farbgebung und ein starkes Hervortreten des weissen Hintergrunds aus. Die in Umrissen eingebetteten Kompositionen sind mit polychromen vegetabilen Mustern und breiten Rahmungen kombiniert. Diese stilistischen Merkmale sind für Mosaiken der Zeit des späteren 2. und frühen 3. Jahrhunderts charakteristisch. Sie sind auch im Musterrepertoire der Mosaiken von Augusta Raurica sehr ausgeprägt.

Das Pfau- und das Quadrigamosaik und die als Vergleiche herangezogenen sogenannten Medaillonmosaiken sowohl aus der näheren (Schweiz, Deutschland) als auch aus der weiteren Umgebung (Vienne, Lyon) zeichnen sich alle durch eine Vorliebe für breite Rahmungen der Bildfelder und der Gesamtkomposition aus, die ausser den Flechtbändern mehrheitlich in schwarz-weiss ausgeführt sind. Gleichzeitig ist bei allen diesen Mosaiken in den Bildfeldern ein Vorherrschen des weissen Grunds auffällig. Damit wirken sie eher kontrastarm und fallen nicht durch intensive Farben auf.

Dem stehen die drei schwarz-weissen geometrischen Mosaiken gegenüber: Die beiden einfachen Schachbrettrapporte zeigen eine ausgewogene Verteilung von schwarz und weiss und das weiss auf schwarz gezeichnete Plattenmuster die Dominanz von schwarz.

Aufgrund der Vergleichsbeispiele lassen sich die Mosaiken I bis V von Munzach in die Zeit vom späteren 2. bis ins frühe 3. Jahrhundert n. Chr. datieren. Stilistisch eindeutig ins frühe 3. Jahrhundert weisen das Mäandermuster und die Herz- und

**135 | 136**
**Eine Besonderheit der Mosaiken von Munzach: Die «punktierte Linie» der Mosaiken I (oben; im Hintergrund Mosaik V) und II und das Litzenband von Mosaik II geben den beiden Böden den Charakter eines Teppichs.**

**137**
**In Augusta Raurica kommt die «punktierte Linie» in Insula 30, Mosaik II als Abschluss des Schuppenrapports vor.**

---

[1] Wenige Beispiele figürlicher Mosaiken sind aus Augusta Raurica bekannt: Insula 30, Gladiatorenmosaik (Gladiatoren und Fische), Kastelen, Slg. STEHLIN (Pferdekopf) und Kaiseraugst, Rheinthermen, Region 20E (Bein einer Figur oder eines Tiers). Im Weiteren sind in Augusta Raurica vier Vögel nachgewiesen: Insula 1, Mosaik I, Kastelen, Slg. STEHLIN, Insula 24, Mosaik II und Insula 28, Mosaik I.

**138**
Augst-Insulae 41/47, Mosaik VII. Das in einem heizbaren Apsidenraum verlegte Mosaik weist identische Herz- und Glockenblüten auf wie Mosaik III von Munzach.

Glockenblüten. Auch die Darstellung eines Wagenrennens, die am Ende des 2. Jahrhunderts aufkommt, und die vielen Parallelen zu den Mustern der Mosaiken aus Augst-Insulae 41/47 des frühen 3. Jahrhunderts sprechen für eine Datierung der Munzacher Mosaiken I bis V in diese Zeit.

## 6.1 Verhältnis zu den italischen, gallischen und germanischen Werkstattkreisen

Mit der zurückhaltenden Farbgebung und der Betonung des weissen Grunds sowie mit besonders komplexen geometrischen Mustern und Flechtbandeinfassungen unterscheidet sich der Stil der Mosaiken von Munzach stark von demjenigen in den germanischen Provinzen. Die in Munzach vertretenen Muster wie das Litzenband oder das weiss auf schwarze Plattenmuster und das «wilde» Mosaik sind nördlich der Alpen selten; sie fehlen im Rhonetal und sind offenbar direkt von italischen Vorbildern beeinflusst.

Das Peltenmuster ist im Treverergebiet und in Germanien sehr verbreitet; es begegnet uns auch in Augusta Raurica häufig, ist aber in der Westschweiz selten. Seine Präsenz zeigt die grosse räumliche Distanz der Munzacher Mosaiken zu den Westschweizer Werkstätten. Auch das Fehlen von mythologischen Themen unterscheidet sie deutlich von den helvetischen Mosaiken, die viele Beziehungen zum Rhonetal und zu Südgallien aufweisen. Dagegen ist das Wellenband (Laufender Hund) bei uns selten, im Helvetiergebiet hingegen sehr beliebt. Auch die breite Rahmung weist nach Süden und nach Gallien.

Zusammenfassend lassen die Mosaiken aus Munzach verschiedene Einflüsse bekannter italischer, germanischer und gallischer Werkstattkreise erkennen. Daneben zeigen sie aber auch singuläre Merkmale wie die Darstellung des Wagenrennens, das Mäandermuster oder die unterschiedlichen Aufbauschemata.

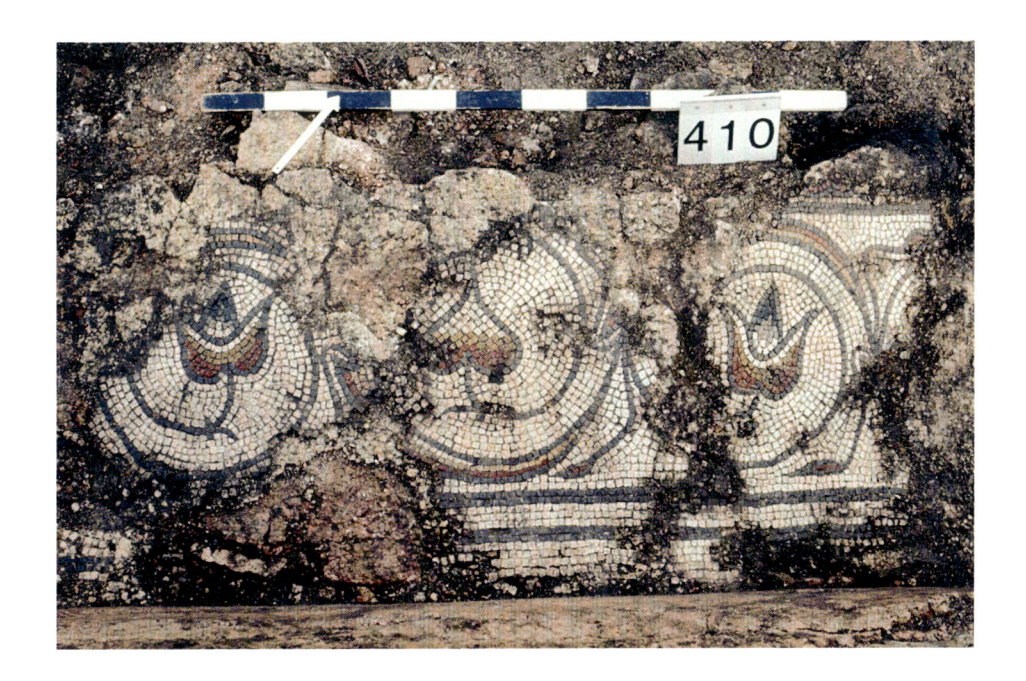

139 ⌃
Augst-Insulae 41/47. Auch die Herzblüten von Mosaik VI sind sehr ähnlich.

140 ⌃
Weiteres Detail mit Herz- und Glockenblüten in Mosaik VII aus Augst-Insulae 41/47.

## 6.2 Die Mosaiken von Munzach und Augusta Raurica: gleiche Werkstatt?

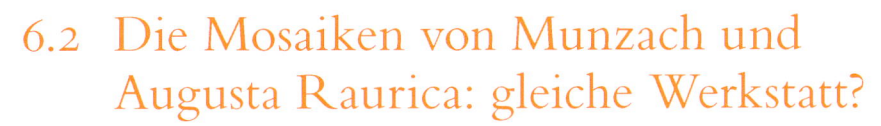

Neben stilistischen Eigenheiten und singulären Mustern und Motiven passen die zeitgleichen Mosaiken von Munzach und Augusta Raurica vom Stil und dem Musterrepertoire her gut zusammen. Die Ähnlichkeit und die vielen Übereinstimmungen lassen für beide Komplexe denselben Werkstattkreis oder gar dieselbe im frühen 3. Jahrhundert im Raurikergebiet tätige Werkstatt vermuten. Speziell zu den Mosaiken aus den Insulae 41/47 zeigen die Munzacher Böden eine augenfällige und beachtenswerte Verwandtschaft im Stil sowie in den Mustern und Motiven (vgl. Abb. 132), aber auch im Kontext (Kap. 6.3).

Beide Mosaikkomplexe zeichnen sich durch ein gleichzeitiges Nebeneinander von figürlichen und grossflächigen geometrischen Mosaiken aus. Zudem haben die vegetabilen Zwickelfüllungen aus Munzach ihre besten Parallelen in den Mosaiken aus Augst-Insulae 41/47: Die Herz- und Glockenblüten sind von der Grösse, der Farbgebung und vom Stil her identisch (Abb. 138–140). Auch der Kreuzblütenrapport, das Peltenmuster, der orthogonale Schachbrettrapport, das Litzen- und Zweistrangflechtband oder die getreppten Dreiecke sind sowohl in Munzach als auch in Augst-Insulae 41/47 vertreten (Abb. 141–147). Besonders die identischen Herz- und Glockenblüten, aber auch das Litzenband, das im Raurikergebiet selten ist, unterstreichen die nahe Verwandtschaft der Mosaikkomplexe. Das aufgrund der petrografischen Analyse identische Gesteinsmaterial und die gleichen Farbkombinationen an beiden Orten verdeutlichen diese enge Beziehung und machen eine Werkstattgleichheit sehr wahrscheinlich.

Daneben zeigen die Mosaiken von Munzach aber auch einige Gemeinsamkeiten mit den beiden Mosaiken aus Augst-Insula 30: Elemente im Gladiatorenmosaik wie der Blütenfries mit Glockenblüten, das orthogonale Plattenmuster, das Quadrat mit eingeschriebenem Kreis, die breite Rahmung und die figürlichen Darstellungen mit den Gladiatoren und Fischen, aber auch die «punktierte Linie» als äusserer Abschluss des Schuppenrapports von Mosaik II sind gut vergleichbar (Abb. 148–150). Auch hier ist eine enge Verwandtschaft nicht zu übersehen und lässt an einen gemeinsamen Ursprung denken.

**≈ 141 | › 142**
Auswahl von Mosaiken aus Augst-Insulae 41/47 (zur Lage vgl. Abb. 152). Mosaik III: Hexagonsystem mit Sechsblattrosetten.

**˄ 143**
Mosaik VI: Quadratfeldersystem mit Kompositrosetten und Litzenband (vgl. Abb. 134).

Aus allen diesen Gründen können wir davon ausgehen, dass die Mosaiken von Munzach und diejenigen von Augst-Insulae 41/47 von ein und derselben Werkstatt hergestellt wurden,[2] die vielleicht auch das Gladiatorenmosaik aus Augst-Insula 30 verlegt hat.

## 6.3 Der Besitzer des Gutshofs im frühen 3. Jahrhundert n. Chr.

Nach der luxuriösen Ausstattung und der Grösse des Gutshofs von Munzach im frühen 3. Jahrhundert n. Chr. zu schliessen, dürfte sein Eigentümer eine sehr wohlhabende und einflussreiche Persönlichkeit gewesen sein, die im direkten Umland von Augusta Raurica ausgedehnte Ländereien besass.[3] Als Herr über einen Gutshof dieser Grösse und Qualität galt er als Grossgrundbesitzer. Er dürfte in der nahen Stadt grosses Ansehen genossen und eine wichtige Rolle in der Politik gespielt haben.[4] Er gehörte damit zur herrschenden und entsprechend gebildeten hiesigen Oberschicht.

Diese Oberschicht kontrollierte unter anderem die Landwirtschaft, das mit Abstand wichtigste Standbein der römischen Wirtschaft. Ein Gutshof wie derjenige von Munzach stellte in erster Linie landwirtschaftliche Erzeugnisse her; neben

---

2   Joos 1985, 88; Schmid 1993, 184–186; Delbarre-Bärtschi 2014b, 159. Einen Werkstattzusammenhang zwischen den Augster und den Munzacher Mosaiken vermuteten bereits Berger/Joos 1971, 5.

3   Auf die Besitzverhältnisse des Gutshofs des 1. und 2. Jhs. kann nicht weiter eingegangen werden, da die Befunde des Gutshofs noch nicht ausgewertet sind; vgl. oben S. 74, Anm. 16.

4   Strübin/Laur-Belart 1953, 12; Hecht 1997b, 46; Hecht/Tauber 1998, 454 f.; Flutsch et al. 2002, 147.

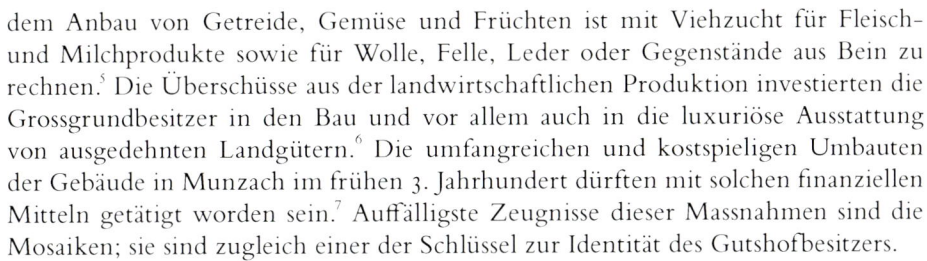

dem Anbau von Getreide, Gemüse und Früchten ist mit Viehzucht für Fleisch- und Milchprodukte sowie für Wolle, Felle, Leder oder Gegenstände aus Bein zu rechnen.⁵ Die Überschüsse aus der landwirtschaftlichen Produktion investierten die Grossgrundbesitzer in den Bau und vor allem auch in die luxuriöse Ausstattung von ausgedehnten Landgütern.⁶ Die umfangreichen und kostspieligen Umbauten der Gebäude in Munzach im frühen 3. Jahrhundert dürften mit solchen finanziellen Mitteln getätigt worden sein.⁷ Auffälligste Zeugnisse dieser Massnahmen sind die Mosaiken; sie sind zugleich einer der Schlüssel zur Identität des Gutshofbesitzers.

Die Mosaiken von Munzach zeigen neben den oben bereits festgestellten stilistischen Gemeinsamkeiten auch vom architektonischen Kontext her viele Übereinstimmungen mit dem Komplex von Augst-Insulae 41/47: Von den bis heute in

**144 ≍**
Augst-Insulae 41/47, Mosaik IX: orthogonaler Schachbrettrapport.

**145 ⌃**
Mosaik XI: Kreuzblütenrapport.

**146 ⌌**
Mosaik IV: Peltenrapport mit Band getreppter Dreiecke.

**147 ‹**
Mosaik X: Quadrat-Rautenschema mit Radrosetten.

5   FLUTSCH ET AL. 2002, 155; SCHUCANY 2006, 290.
6   FLUTSCH ET AL. 2002, 155. 227; SCHUCANY 2006, 271. 282; zu Angehörigen der Oberschicht als Besitzer der Gutshöfe und der dazugehörigen Ziegeleien vgl. SCHMID 2008, 32 f.
7   Neben der Landwirtschaft ist mit verschiedenem Handwerk zu rechnen, da die Gutshöfe in vielen Bereichen auch selbstversorgend waren und viele Güter auf dem Gut selbst hergestellt wurden; SCHUCANY 2006, 289.

**148**
Augst-Insula 30, Gladiatorenmosaik. Um das Mittelbild mit der Darstellung eines Wasserspeiers sind ursprünglich sechs Gladiatorenbilder gruppiert, die von Flechtbändern eingefasst werden. Das Annexmosaik zeigt ein weiss auf schwarzes Plattenmuster.

Augusta Raurica 50 sicher belegten Mosaiken wurden allein elf Böden in diesem Gebäude verlegt. Die Insulae 41/47 nehmen damit von der Anzahl der Mosaiken her genauso eine Sonderstellung ein[8] wie der Gutshof von Munzach, der in dieser Hinsicht für das Raurikergebiet ebenfalls aussergewöhnlich ist. Ebenso sind in den Insulae 41/47 die Mosaiken in direkt benachbarten Räumen verlegt; Mosaik III, das einen zweigeteilten Raum bedeckt, ist – wie die Mosaiken I und V von Munzach – Fuge an Fuge gesetzt. Mosaik VIII ist ein Korridormosaik, neben Munzach der einzige bekannte Nachweis. Die Mosaiken IV, V und XI sind in Portiken verlegt, ebenfalls die einzigen weiteren Vergleiche zu Munzach.[9] Korridor- und Portikusmosaiken sind vielleicht Spezialitäten der Gegend von Augusta Raurica.

8   SCHMID 1993, 113–132. Gebäude mit fünf bis sechs Mosaiken sind in Augusta Raurica in Insula 32 (Zentralthermen, sicher vier, evtl. sechs Mosaiken) und in Insula 28 (fünf Mosaiken) belegt.

9   Mosaik XI aus Augst-Insulae 41/47 liegt ebenfalls in einer Portikus; der Boden ist aber nur durch einen schmalen Sondierschnitt angeschnitten, weshalb genaues Aussehen und Ausdehnung dieses Bodens nicht bekannt sind; SCHMID 1993, 123–125, Abb. 72.

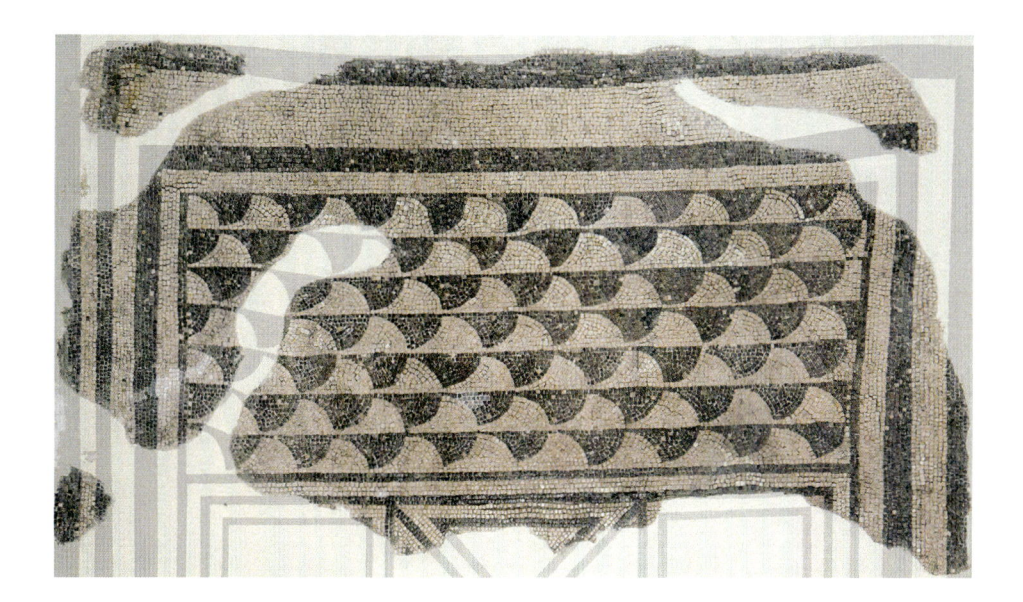

149 ⌃ | 150 ‹
Augst-Insula 30, Mosaik II. Schwarzweisser Schuppenrapport als Annex eines ursprünglichen Dreifeldermosaiks.

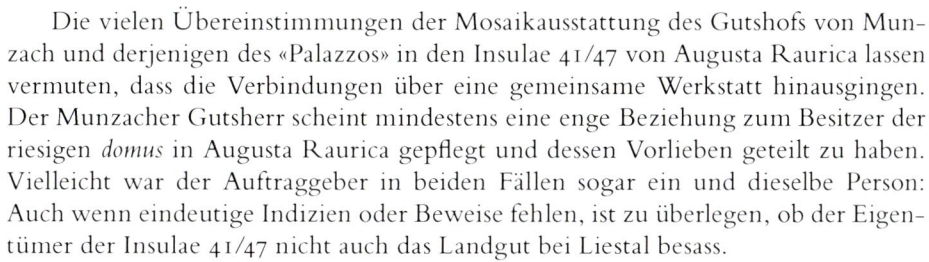

Die vielen Übereinstimmungen der Mosaikausstattung des Gutshofs von Munzach und derjenigen des «Palazzos» in den Insulae 41/47 von Augusta Raurica lassen vermuten, dass die Verbindungen über eine gemeinsame Werkstatt hinausgingen. Der Munzacher Gutsherr scheint mindestens eine enge Beziehung zum Besitzer der riesigen *domus* in Augusta Raurica gepflegt und dessen Vorlieben geteilt zu haben. Vielleicht war der Auftraggeber in beiden Fällen sogar ein und dieselbe Person: Auch wenn eindeutige Indizien oder Beweise fehlen, ist zu überlegen, ob der Eigentümer der Insulae 41/47 nicht auch das Landgut bei Liestal besass.

Wie die *pars urbana* des Gutshofs von Munzach war auch das herrschaftliche Stadthaus in den Insulae 41/47 sowohl von der Grösse als auch von der Architektur und Ausstattung her für das Raurikergebiet einzigartig (Abb. 151; 152): Die am südlichen Rand des Stadtzentrums gelegene *domus* erstreckte sich über zwei Insulae; zur Überbauung einer Doppelinsula musste die dazwischenliegende Strasse aufgehoben werden. Ein solcher Vorgang war normalerweise ausschliesslich für die Errichtung von staatlichen Gebäuden möglich, etwa den Bau öffentlicher Thermen oder des Forums. Der Besitzer dieses riesigen palastartigen Gebildes muss deshalb ein einflussreicher militärischer oder ziviler Beamter, ein hoher Politiker oder ein reicher Händler gewesen sein, der besondere Privilegien genoss.[10] Die *domus* war mit grossem Innenhof oder Garten in der Nordhälfte und einem kleineren Hof in der Südhälfte ausgestattet, beide von Portiken eingefasst. Zudem wies sie einen Badetrakt, einen mächtigen Apsidenraum und verschiedene heizbare Räume auf. Wie beim Inventar des Gutshofs von Munzach zeugen neben der luxuriösen Mosaikausstattung auch hier einige wertvolle Objekte von einem wohlhabenden Haushalt, beispielsweise die figürliche Bronze eines dreihörnigen Stiers oder eine Amorfigur, die Teil eines Möbels oder Wagens war.[11]

Aus Grabinschriften kennen wir zwei offenbar bedeutende Männer aus dem Gutshof von Munzach mit Namen: *Caius Coteius* und *Caius Indutius Sallustianus* (Kap. 2.2). Vielleicht war einer der beiden im frühen 3. Jahrhundert der Besitzer von Munzach und damit möglicherweise auch die einflussreiche Persönlichkeit von Augusta Raurica, der neben Ländereien im Umland von Augusta Raurica auch die luxuriös ausgestattete *domus* in den Insulae 41/47 gehörte.

---

10 MARTIN-KILCHER 1985, 194; HECHT/TAUBER 1998, 454; BERGER 2012, 202 f.
11 KAUFMANN-HEINIMANN 1998, 110 f., S49. S19.

# 7 Zusammenfassung

**151**
Im Panorama Augusta Rauricas von Markus Schaub ist die Lage der grossen Stadtvilla (*domus*), die sich an der südwestlichen Ausfallstrasse über die Insulae 41/47 erstreckte, hervorgehoben. Sie war mit grossem Innenhof mit Portiken, Gärten, einem Badetrakt und zahlreichen heizbaren Räumen ausgestattet. Elf Mosaiken unterstreichen ihren Luxus (vgl. Abb. 152).

Im Gutshof von Munzach, fünf Kilometer von Augusta Raurica entfernt gelegen, sind bis heute dank Ausgrabungen der 1950er-Jahre sechs Mosaiken bekannt. Diese reiche Ausstattung ist für römische Villen im Umland von Augusta Raurica ungewöhnlich und unterstreicht die Besonderheit des Platzes. Nicht nur seine luxuriöse Ausstattung, sondern auch seine überdurchschnittliche Grösse zeichnen die *villa rustica* aus, die zusammen mit der Anlage von Pratteln-Kästeli (Kt. Basel-Landschaft) zu den grössten ländlichen Gütern im Umland von Augusta Raurica gehört.

Neben vier schwarz-weissen geometrischen Mosaiken, die teilweise sehr grosse Flächen belegen, sind zwei figürliche Mosaiken nachgewiesen. Sie dokumentieren ein Nebeneinander von polychromen, figürlichen und grossflächigen schwarz-weissen Böden.

Von letzteren sind die Mosaiken I und II orthogonale Schachbrettrapporte, und Mosaik V zeigt ein weiss auf schwarzes, ebenfalls orthogonales Plattenmuster, das an drei Stellen durch ein Quadrat mit Kreismotiven unterbrochen ist. Bei Mosaik VI ist kein Muster erkennbar; die Mosaikstifte scheinen vielmehr wahllos in den Mörtel gesetzt zu sein («wildes» Mosaik).

Das polychrome Mosaik III ist eine quadratische Zentralkomposition bestehend aus Kreisen, die von Flechtbändern eingefasst sind. Die Bildinhalte der Kreise sind – bis auf die Reste eines Pfaus («Pfaumosaik») – verloren. Das zweite polychrome Mosaik, Mosaik IV, lässt sich ebenfalls als Zentralkomposition beschreiben, die aus einem Quadrat mit einbeschriebenem Kreis besteht, die beide von Flechtbändern eingefasst sind. Vom Inhalt der Darstellung im Kreis ist nur gerade die Quadriga eines Wagenrennens überliefert («Quadrigamosaik»).

Die beiden Mosaiken I und V sind in Portiken verlegt und weisen sehr grosse Flächen von 145,9 beziehungsweise 172,9 Quadratmetern auf. Mosaik II schmückte den Boden eines Korridors. Die beiden figürlichen Mosaiken waren in heizbaren Wohnräumen installiert: Mosaik III in einem Prunksaal, Mosaik IV wohl in einem *triclinium*. Der Annexraum, in dem Mosaik VI verlegt war, gehörte wohl zur Portikus mit Mosaik V. Seine Funktion ist unklar, vielleicht stand er in Beziehung zum nahe gelegenen Bad.

Die Mosaiken in den Portiken respektive den Durchgangsräumen zeigen eine Vorliebe für schwarz-weisse geometrische Muster, die Böden der Wohnräume polychrome, figürliche Darstellungen. Letztere waren durch die verstürzten Hypokaustanlagen stark zerstört, die in nicht geheizten Räumen verlegten Böden hingegen waren grösstenteils sehr gut erhalten. Mosaik II wurde wohl durch den Einbau von späteren Pfostenbauten an einigen Stellen beschädigt, Mosaik III wies eine unsorgfältig ausgeführte Reparatur auf.

Die Bettung der Mosaiken entspricht im Grossen und Ganzen dem üblichen Aufbau. Bei den Mosaiken I und V wurde als Unterbau zusätzlich der Bauschutt der abgebrochenen Vorgängerbauten verwendet. Die Mosaikräume wiesen einfach verputzte, rote oder weisse Wände auf; derjenige von Mosaik III war mit weissen Kalksteinplatten verkleidet.

Die Mosaiken I bis V nehmen Bezug auf den römischen Fuss (pR) mit einer Länge von 29,6 Zentimetern als Masseinheit. Dieser manifestiert sich sowohl in den Längen und Breiten der Böden als auch in den verschiedenen Mustern. Die geometrischen Teile sind zudem nach einem bestimmten Konstruktionsschema aufgebaut.

Die Grösse der verwendeten *tesserae* nimmt – wie zu erwarten – direkten Bezug auf das Muster: Die geometrischen grossflächigen Mosaiken in den Portiken sind aus grossen *tesserae* gesetzt, die figürlichen, kleinteiligen Motive in den Wohnräumen mit teilweise sehr kleinen. Die stiftförmigen *tesserae* von Mosaik VI sprechen für ein Mosaik in einem Baderaum und unterstreichen die funktionale Nähe des Raums zur Badeanlage des Herrenhauses.

Das verwendete Tesseramaterial zeigt petrografisch viele Übereinstimmungen mit demjenigen der Mosaiken von Augusta Raurica. Bis auf den hellgrauen Marmor und den grünen Prasinit wurden ausschliesslich einheimische Kalksteine verwendet, die in den Steinbrüchen und Aufschlüssen der Region anstehen. Der Einsatz derselben Farben und Farbkombinationen (rot-gelb und grau-grün) sowohl in Munzach als auch in Augst-Insulae 41/47 lassen eine Werkstattgleichheit vermuten.

Bestimmte stilistische Merkmale zeigen Einflüsse und Beziehungen zu den Werkstattkreisen in Italien, Südgallien und Germanien, daneben weisen die Mosaiken von Munzach aber auch singuläre Merkmale wie etwa die Darstellung eines Wagenrennens oder das Mäandermuster auf.

Mosaik VI ist nach Aussage des Befunds, im Besonderen der absoluten Höhen, aber auch wegen der stilistischen Vergleiche mit Sicherheit älter als die restlichen Mosaiken von Munzach und dürfte im späteren 1. oder früheren 2. Jahrhundert n. Chr. entstanden sein.

Aufgrund der Lage, der Niveaus und der Fugen sind die Mosaiken I bis V alle gleichzeitig verlegt worden. Vom Befund her gehören sie nicht zur Erstausstattung des Gutshofs, der im frühen 1. Jahrhundert n. Chr. errichtet wurde, sondern zu Aus- und Umbauten des 2. und 3. Jahrhunderts. Dazu passt die stilistische Einordnung, welche die Munzacher Mosaiken ins frühe 3. Jahrhundert n. Chr. datiert und viele Übereinstimmungen mit den Mosaiken von Augst-Insulae 41/47 zeigt. Auch dieses palastartige Stadthaus weist mit elf Belegen eine aussergewöhnliche Mosaikausstattung auf. Zudem sind die Böden ebenfalls in benachbarten Räumen, teilweise Fuge an Fuge verlegt. Im Weiteren gibt es an beiden Orten zwei Mosaiken in Portiken

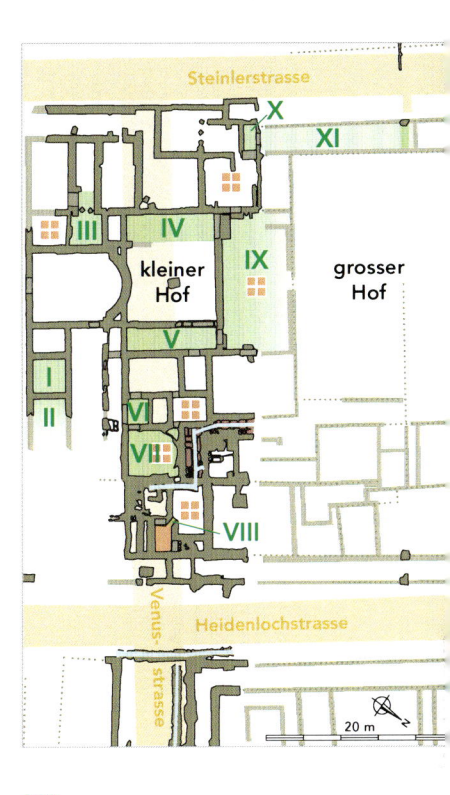

**152**
Augst-Insulae 41/47, Ausschnitt aus dem Grundriss der Stadtvilla mit den repräsentativen Gebäuden im mittleren Teil der Anlage und der Lage der Mosaiken I – XI.

und eines in einem Durchgang – Befunde, die ausser in Munzach im Gebiet der heutigen Schweiz einzigartig oder zumindest selten sind. In beiden Mosaikkomplexen wurden gleiche Farben und identisches Gesteinsmaterial in derselben Farbkombination verwendet. Zudem wurden als Zwickelfüllungen gleichartige Herz- und Glockenblüten ausgeführt. Schliesslich zeigt auch die Vorliebe für die gleichen geometrischen Muster wie Kreuzblüten, Pelten, orthogonales Schachbrett, Zweistrangflechtband und Dreieckband eine enge Verwandtschaft zwischen den Böden aus Munzach und Augusta Raurica-Insulae 41/47. Die Seltenheit des an beiden Orten verwendeten Litzenbands unterstreicht diese enge Verbindung. Es ist deshalb in Erwägung zu ziehen, dass der Gutshofbesitzer von Munzach gleichzeitig auch der Eigentümer der *domus* in den Insulae 41/47 von Augusta Raurica war und dass beide Mosaikkomplexe im frühen 3. Jahrhundert von derselben Werkstatt hergestellt wurden, die vielleicht auch das Gladiatorenmosaik aus Augst-Insula 30 verlegt hat.

## Résumé

La villa de Munzach, située à cinq kilomètres d'Augusta Raurica, a livré à ce jour six mosaïques découvertes lors des fouilles entreprises dans les années 1950. Il est inhabituel d'observer un aménagement aussi riche pour une villa située dans les environs d'Augusta Raurica, phénomène qui souligne la particularité du complexe. Si la villa se distingue par son équipement luxueux, ses dimensions hors du commun en font l'un des plus grands domaines ruraux de la région autour d'Augusta Raurica, avec le complexe de Pratteln-Kästeli (canton de Bâle-Campagne).

Outre quatre mosaïques géométriques en noir et blanc couvrant parfois des surfaces très étendues, on a retrouvé deux mosaïques à décor figuré, témoignant de la présence conjointe de pavements polychromes et figuratifs, et d'autres en noir et blanc couvrant de grandes surfaces.

Ces derniers comprennent les mosaïques I et II, au motif disposé en damier orthogonal, et la mosaïque V, qui présente un motif de dalles en noir et blanc également orthogonal, interrompu à trois reprises par des carrés ornés de motifs circulaires. Pour le pavement VI, il semble que les tesselles aient été enfoncées dans le mortier de manière aléatoire («mosaïque irrégulière», «mosaïque sauvage»), sans former aucun motif.

La mosaïque polychrome III apparaît comme une composition centrée quadrangulaire constituée de cercles bordés d'entrelacs. À l'exception d'un paon conservé de manière fragmentaire («mosaïque du paon»), l'état du pavement ne permet pas d'établir quelle était la composition iconographique des cercles. La seconde mosaïque polychrome (mosaïque IV) correspond elle aussi à une composition centrée, formée d'un cercle inscrit dans un carré, chacun bordé d'entrelacs. Seul le quadrige d'une course de char s'est conservé dans le panneau central («mosaïque au quadrige»).

Les mosaïques I et V se situent dans des portiques et couvrent de très importantes surfaces, avec 145,9 m$^2$ pour l'une et 172,9 m$^2$ pour l'autre. La mosaïque II ornait le sol d'un corridor. Les deux pavements figuratifs étaient installés dans des pièces d'habitation chauffées: la mosaïque III dans une salle d'apparat, la mosaïque VI sans doute dans un triclinium. La pièce annexe dans laquelle se trouvait la mosaïque VI se rattachait vraisemblablement au portique orné de la mosaïque V. On ignore quelle était sa fonction exacte, peut-être en relation avec l'ensemble thermal situé à proximité.

Les mosaïques des portiques et des pièces de passage révèlent une préférence pour les motifs géométriques en noir et blanc, alors que les sols des pièces chauffées étaient ornés de pavements polychromes à motifs figurés. Ces derniers ont subi de graves dégâts lors de l'effondrement des hypocaustes, alors que les sols des pièces non chauffées sont en majorité encore très bien conservés. Il semble que la mosaïque II ait été endommagée à certains endroits par l'installation ultérieure d'édifices sur ossature de pieux; la mosaïque III avait subi une réparation maladroite.

Globalement, le support utilisé pour la pose des mosaïques correspond au mode de construction habituel. Pour les pavements I et V, on a en outre utilisé en guise de substruction les déblais de démolition des édifices antérieurs. Les pièces abritant les mosaïques étaient munies de parois ornées d'un simple enduit rouge ou blanc; celles de la mosaïque III étaient revêtues de dalles de calcaire.

Les mosaïques I et V s'insèrent dans le système du pied romain (pR), avec une unité de mesure correspondant à 29,6 cm. Ce phénomène se retrouve tant dans la largeur et la longueur des pavements que dans les divers motifs. Par ailleurs, les éléments géométriques s'organisent selon un schéma précis.

Comme on pouvait s'y attendre, la taille des tesserae est directement liée au motif qu'elles composent: pour les grandes mosaïques géométriques des portiques, on a eu recours à des tesserae aux dimensions plus importantes, alors que les petits motifs figurés des pièces d'habitation se constituent de tesselles de taille parfois très faible. Les tesselles allongées de la mosaïque IV permettent d'évoquer un pavement disposé dans une pièce de bains, soulignant la proximité du complexe thermal et de la résidence du propriétaire.

L'analyse pétrographique des tesselles utilisées révèle de nombreuses correspondances avec celles formant les mosaïques d'Augusta Raurica. À l'exception du marbre gris clair et de la prasinite de couleur verte, seuls des calcaires d'origine locale ont été utilisés, disponibles dans les carrières et les affleurements de la région. L'utilisation des mêmes couleurs et combinaisons de teintes (rouge-jaune et gris-vert) à Munzach et à Augst-Insulae 41/47 permet de supposer que ces ouvrages sont issus d'un même atelier mosaïste.

Certaines caractéristiques stylistiques révèlent des influences et des liens avec des ateliers d'Italie, de Gaule du sud et de Germanie; mais les mosaïques de Munzach possèdent aussi des caractéristiques qui leur sont propres, comme la représentation d'une course de char ou des ornements en méandres.

Le contexte de découverte de la mosaïque VI indique qu'elle est certainement plus ancienne que les autres pavements de Munzach; cette information se fonde en premier lieu sur l'altitude absolue de la mosaïque, mais aussi sur des comparaisons stylistiques. Elle a sans doute été mis en place à la fin du $I^{er}$ ou au début du $II^e$ siècle apr. J.-C.

La position, le niveau et les joints des mosaïques révèlent que les pavements I à V ont été posés simultanément. Les structures montrent que ces mosaïques ne faisaient pas partie du premier aménagement de la villa, édifiée au début du $I^{er}$ siècle, mais qu'elles coïncident avec les travaux d'extension et de transformation réalisés aux $II^e$ et $III^e$ siècles. Cet élément est conforté par l'insertion stylistique des mosaïques de Munzach au début du $III^e$ siècle apr. J.-C., qui présente de nombreuses concordances avec les pavements d'Augst-Insulae 41/47. Cette résidence urbaine évoquant un palais possède elle aussi de surprenantes mosaïques, au nombre de 11. Par ailleurs, les pavements y sont également installés dans des pièces voisines, parfois joint à joint. En outre, les deux complexes ont livré chacun deux mosaïques placées dans des portiques, et l'un dans un passage. Ce phénomène est unique ou du moins rare sur le territoire de la Suisse actuelle. Pour les deux ensembles de pavements, on a utilisé les mêmes couleurs et des roches identiques, combinées de la même manière. Par ailleurs, dans les écoinçons, on a disposé des motifs cordiformes et en calices semblables. Enfin, la prédilection pour les mêmes motifs géométriques (cercles sécants, peltes, damiers orthogonaux, tresses à deux brins ou bandes de triangles) témoigne d'une étroite parenté entre les pavements de Munzach et ceux d'August Raurica-Insulae 41/47. Ce lien est encore souligné par la rareté de la ligne d'ogives utilisée aux deux endroits et par la présence de pavements dans les portiques. Il faut donc envisager la possibilité que le propriétaire de la villa de Munzach ait également possédé la domus des Insulae 41/47 d'Augusta Raurica, et que les deux complexes de pavements aient été réalisés, au début du IIIe siècle, par le même atelier que celui qui a composé la mosaïque des gladiateurs à Augst-Insula 30.

(Traduction: Catherine LEUZINGER-PICCAND)

# Summary

At the estate of Munzach, located five kilometers from Augusta Raurica, thanks to the excavations of the 1950s six mosaics are known today. Such rich furnishings are exceptional for Roman villas in the surroundings of Augusta Raurica and underline the distinctiveness of the location. Not only its luxurious decor, but also its exceptional size distinguish the villa rustica, which, together with the rural estate of Pratteln-Kästeli (canton Basel-Landschaft), is among the largest rural estates in the environs of Augusta Raurica.

In addition to four black and white mosaics, which in part cover very large areas, there are also two figural mosaics. They document the co-occurrence of polychrome, figural and large-scale black and white floors.

Of the latter, mosaics I and II exhibit orthogonal checkerboard patterns and mosaic V shows a white on black, equally orthogonal plate pattern, interrupted in three places by squares with circle motifs. In mosaic VI, no pattern is recognizable; the blocks seem to have been randomly placed in the mortar («irregular mosaic»).

The polychrome mosaic III displays an orthogonal pattern made up of tangent circles enclosed by guilloche. Except for the vestiges of a peacock («peacock mosaic»), the motifs of the circles are lost. The second polychrome mosaic, mosaic IV, can also be described as an orthogonal pattern consisting of a square with enclosed circle, both bordered by guilloche. Of the motif depicted in the circle, only the quadriga of a chariot race has remained («quadriga mosaic»).

The two mosaics I and V were laid in porticos and both cover very large areas of 145,9 and 172,9 square meters respectively. Mosaic II decorated the floor of a corridor. The two figural mosaics were installed in heated living quarters: mosaic III in a luxurious hall, mosaic IV probably in a triclinium. The annex room in which mosaic VI was laid most likely belonged to the porticus with mosaic V. Its function is uncertain; it may have been associated with the nearby bath.

The mosaics in the porticos or corridors respectively display a preference for black and white geometric patterns, the floors of the living quarters polychrome, figural representations. The latter had been badly damaged by the collapse of the hypocaust installations, whereas the floors laid in the unheated rooms were mostly very well preserved. Mosaic II was damaged in some places, probably by the installation of subsequent post constructions; mosaic III exhibited repair work executed with little care.

The bedding of the mosaics corresponds more or less with the usual construction. For mosaics I and V, the rubble of dismantled preceding buildings was used in the foundations. The mosaic rooms had red or white walls with plain plaster; the walls of the room with mosaic III were covered with slabs of white limestone.

Mosaics I to V refer to the Roman foot (pR) with a measure of 29,6 cm. This becomes manifest both in the length and width of the floors as well as in the diverse patterns. The geometric sections also share the same layout.

The sizes of the tesserae used relate directly – as is to be expected – to the specific decorations. The large scale geometric mosaics in the porticos are laid in large tesserae, the figural, detailed motifs in the living quarters partly in very small ones.

The oblong tesserae of mosaic VI designate a mosaic in a bath area and emphasize the functional vicinity of the room to the baths of the mansion.

The raw materials used in the tesserae exhibit many petrographic similarities to those of the mosaics from Augusta Raurica. Apart from the light grey marble and the green prasinite, only local types of limestone were used which are extant in the quarries and outcrops of the region. Utilization of the same colours and colour combinations (red-yellow and grey-green) both in Munzach and in Augst-Insulae 41/47 suggest the same workshops.

Certain stylistic characteristics attest to influences of and connections to the workshops in Italy, Southern Gaul and Germania, yet the mosaics from Munzach also exhibit singular features like the depiction of a chariot race or meander patterns.

Judging from their positions and absolute levels within the building as well as from the interstices, mosaics I to V were all laid at the same time. Findings indicate that they were not part of the original features of the estate, which was erected in the early $1^{st}$ century AD, but rather belonged to the extensions and alterations of the $2^{nd}$ and $3^{rd}$ centuries. This is consistent with stylistic features which date the Munzach mosaics to the early $3^{rd}$ century as well as the numerous resemblances with the mosaics from Augst-Insulae 41/47. That palatial urban building with its eleven mosaics also exhibits exceptional furnishings. Furthermore, the mosaic floors are located in adjoining rooms, and are, in some cases, laid joint by joint. In addition, both locations display two mosaics in porticos and one further mosaic each in passage ways – features which, except in Munzach, are unique or at least rare in Switzerland. Both complexes display the use of the same colours and identical lithic raw materials in corresponding colour combinations. Moreover, similar hearts and calices motifs were effected as gusset fillers. Overall, a preference for the same geometric patterns of intersecting circles, peltae, orthogonal checkerboard, double strand guilloche and bands of triangles demonstrates the close relationship of the floors in Munzach and Augusta Raurica-Insulae 41/47. The uncommonness of the row of ogives used in both locations emphasizes these close associations. One should therefore consider whether the owner of the Munzach estate may, at the same time, also have been the owner of the domus at Insulae 41/47. Both assemblages of mosaics could therefore have been produced by the same workshop, which may also have laid the gladiator mosaic at Augst-Insula 30.

(Translation: Sandra PICHLER)

# Bibliografie

AGUSTONI/WOLF 2005 – Clara AGUSTONI/Claus WOLF, La mosaïque de la venatio à Vallon. Musée romain de Vallon 1 (Fribourg 2005).

AMMANN 2002 – Sandra AMMANN, Der Gutshof von Munzach: Internes Arbeitspapier (unpubliziertes Manuskript; Archäologie Baselland, Liestal 2002).

BALMELLE ET AL. 2002 – Catherine BALMELLE/Michèle BLANCHARD-LEMÉE/Jeannine CHRISTOPHE, Le décor géométrique de la mosaïque romaine (Paris 2002).

BAUM-VOM FELDE 2003 – Petra C. BAUM-VOM FELDE, Die geometrischen Mosaiken der Villa bei Piazza Armerina: Analyse und Werkstattfrage. Antiquitates 26 (Hamburg 2003).

BERGER 2012 – Ludwig BERGER, Führer durch Augusta Raurica (7. Auflage, Basel 2012).

BERGER/JOOS 1971 – Ludwig BERGER/Marcel JOOS, Das Augster Gladiatorenmosaik. Römerhaus und Museum Augst, Jahresbericht 1969/70 (1971) 3–106.

BOLLIGER SCHREYER 2006 – Sabine BOLLIGER SCHREYER, Römische Mosaiken. Wohnen und Baden in der Antike. Glanzlichter aus dem Bernischen Historischen Museum 17 (Bern 2006).

CHAMAY ET AL. 2007 – Jacques CHAMAY/Martin GUGGISBERG/Kilian ANHEUSER, L'aurige et les chasseurs. Chef-d'oeuvre d'orfèvrerie antique (Neuenburg 2007).

CIL XIII – Corpus Inscriptionum Latinarum 13. Inscriptiones trium Galliarum et Germaniarum Latinae (Berlin 1899–1943).

COX 2014 – Shona COX, Neue Erkenntnisse zur antiken Vermessung und Parzelleneinteilung der Nordwestunterstadt von Augusta Raurica. Jahresberichte aus Augst und Kaiseraugst 35, 2014, 107–113.

CUNLIFFE 1971 – Barry CUNLIFFE, Fishbourne. A Roman Palace and its Garden (London 1971).

CUNLIFFE 1999 – Barry CUNLIFFE, Fishbourne: Roman Palace (Gloucestershire 1999).

DELBARRE-BÄRTSCHI 2002 – Sophie DELBARRE-BÄRTSCHI, Les mosaïques de l'insula 10 à Avenches. Bulletin de l'Association Pro Aventico 44, 2002, 137–146.

DELBARRE-BÄRTSCHI 2007 – Sophie DELBARRE-BÄRTSCHI, Les mosaïques romaines en Suisse. Thèse présentée à la Faculté des lettres de l'Université de Lausanne pour obtenir le grade de docteur ès lettres (Lausanne 2007).

DELBARRE-BÄRTSCHI 2010 – Sophie DELBARRE-BÄRTSCHI, De nouveau sur le travail des mosaïstes à Avenches. Bulletin de l'Association Pro Aventico 52, 2010, 143–154.

DELBARRE-BÄRTSCHI 2014a – Sophie DELBARRE-BÄRTSCHI, Le travail des mosaïstes. Archäologie Schweiz 37/3, 2014, 34–39.

DELBARRE-BÄRTSCHI 2014b – Sophie DELBARRE-BÄRTSCHI, Les mosaïques romaines en Suisse. Avec un complément de l'inventaire de Victorine VON GONZENBACH, publié en 1961. Antiqua 53 (Basel 2014).

DRACK 1950 – Walter DRACK, Die römische Wandmalerei der Schweiz. Monographien zur Ur- und Frühgeschichte der Schweiz 8 (Basel 1950).

EBNÖTHER 1995 – Christa EBNÖTHER, Der römische Gutshof in Dietikon. Monographien der Kantonsarchäologie Zürich 25 (Zürich/Egg 1995).

EWALD 2001 – Jürg EWALD, Die Römerzeit – Augusta Raurica und sein Hinterland. In: Reto MARTI (Red.), Nah dran, weit weg. Geschichte des Kantons Basel-Landschaft 1. Zeit und Räume. Von der Urgeschichte zum Mittelalter (Liestal 2001) 85–124.

EWALD/KAUFMANN-HEINIMANN 1978 – Jürg EWALD/Annemarie KAUFMANN-HEINIMANN, Ein römischer Bronzedelphin aus Munzach bei Liestal BL. Archäologie der Schweiz 1, 1978, 23–31.

FLUTSCH ET AL. 2001 – Laurent FLUTSCH/Catherine MAY CASTELLA/Claude-Alain PARATTE, Die römische Villa von Orbe-Boscéaz und ihre Mosaiken (Orbe 2001).

FLUTSCH ET AL. 2002 – Laurent FLUTSCH/Urs NIFFELER/Frédéric ROSSI (Hrsg.), Die Schweiz vom Paläolithikum bis zum frühen Mittelalter 5. Römische Zeit (Basel 2002).

FRADIER 1982 – Georg FRADIER, Mosaïques romaines de Tunisie (Tunis 1982).

FREI-STOLBA 1976 – Regula FREI-STOLBA, *Vicani Vindonissenses*. Bemerkungen zu CIL XIII 5195 (= HM 265). Jahresbericht der Gesellschaft Pro Vindonissa 1976, 7–22.

FUCHS 2000 – Michel FUCHS, Vallon, musée et mosaïques romaines. Vallon, römische Mosaiken und Museum. Guide archéologique de la Suisse 30 (Fribourg 2000).

FUCHS 2001 – Michel FUCHS, La mosaïque dite de Bacchus et d'Ariane à Vallon. La mosaïque gréco-romaine 8. Actes du VIII$^{ème}$ colloque international pour l'étude de la mosaïque antique et médiévale, Lausanne 1997. Cahiers d'archéologie romande 86 (Lausanne 2001) 190–204.

FÜNFSCHILLING/RÜTTI 1998 – Silvia FÜNFSCHILLING/Beat RÜTTI, Römische und frühmittelalterliche Glasfunde von Liestal-Munzach. In: Jürg TAUBER (Hrsg.), «Keine Kopie an niemand», Festschrift Jürg EWALD. Archäologie und Museum 39 (Liestal 1998) 49–61.

VON GONZENBACH 1961 – Victorine VON GONZENBACH, Die römischen Mosaiken der Schweiz. Monographien zur Ur- und Frühgeschichte der Schweiz 13 (Basel 1961).

VON GONZENBACH 1974 – Victorine VON GONZENBACH, Die römischen Mosaiken von Orbe. Archäologische Führer der Schweiz 4 (1974).

KAUFMANN-HEINIMANN 1977 – Annemarie KAUFMANN-HEINIMANN, Die römischen Bronzen der Schweiz 1. Augst und das Gebiet der Colonia Augusta Raurica (Mainz 1977).

KAUFMANN-HEINIMANN 1994 – Annemarie KAUFMANN-HEINIMANN, Die römischen Bronzen der Schweiz 5. Neufunde und Nachträge (Mainz 1994).

KAUFMANN-HEINIMANN 1998 – Annemarie KAUFMANN-HEINIMANN, Götter und Lararien aus Augusta Raurica. Herstellung, Fundzusammenhänge und sakrale Funktion figürlicher Bronzen in einer römischen Stadt. Forschungen in Augst 26 (Augst 1998).

HECHT 1997a – Yolanda HECHT, Das Phänomen der *villa rustica*. In: Karin KOB/Paula ZSIDI/Alex R. FURGER et al. (Hrsg.), Out of Rome. Augusta Raurica/Aquincum. Das Leben in zwei römischen Provinzstädten (Ausstellungskatalog Augst/Budapest, Basel 1997) 219–227.

HECHT 1997b – Yolanda HECHT, Das Hinterland von Augusta Raurica. Unpubl. Bericht mit Fundstellenkatalog und Fundzeichnungen. Dokumentation Archäologie Baselland (1997).

HECHT 1998 – Yolanda HECHT, Zum Sozialstatus der ländlichen Bevölkerung im Hinterland von Augusta Raurica. In: Renate EBERSBACH/Alex R. FURGER/Max MARTIN et al. (Hrsg.), Mille Fiori, Festschrift Ludwig BERGER. Forschungen in Augst 25 (Augst 1998) 61–66.

HECHT/TAUBER 1998 – Yolanda HECHT/Jürg TAUBER, Das Hinterland von Augusta Raurica in römischer Zeit. In: Jürg EWALD/Jürg TAUBER (Hrsg.), Tatort Vergangenheit, Ergebnisse aus der Archäologie heute (Basel 1998) 429–456.

HOFFMANN 1999 – Peter HOFFMANN, Römische Mosaike im Rheinischen Landesmuseum Trier. Führer zur Dauerausstellung. Schriftenreihe des Rheinischen Landesmuseums Trier 16 (Trier 1999).

HOFFMANN ET AL. 1999 – Peter HOFFMANN/Joachim HUPE/Karin GOETHERT, Katalog der römischen Mosaike aus Trier und dem Umland. Trierer Grabungen und Forschungen 16 (Trier 1999).

HORISBERGER 2004 – Beat HORISBERGER, Der Gutshof in Buchs und die römische Besiedlung im Furttal. Monographien der Kantonsarchäologie Zürich 37 (Zürich/Egg 2004).

HOWALD/MEYER 1941 – Ernst HOWALD/Ernst MEYER, Die römische Schweiz. Texte und Inschriften mit Übersetzung (Zürich 1941).

HUFSCHMID 2009 – Thomas HUFSCHMID, Amphitheatrum in Provincia et Italia. Forschungen in Augst 43 (Augst 2009).

JOOS 1985 – Marcel JOOS, Die römischen Mosaiken von Munzach. Archäologie der Schweiz 8, 1985, 86–92.

LANCHA 1981 – Janine LANCHA, Recueil général des mosaïques de la Gaule III. Province de Narbonnaise 2, Vienne. Gallia, supplément 10 (Paris 1981).

LANDES 1990 – Christian LANDES (Hrsg.), Cirques et courses de chars Rome–Byzance (Ausstellungskatalog, Lattes 1990).

LAUR-BELART 1951 – Rudolf LAUR-BELART, Fundbericht Liestal (Bez. Liestal, Baselland). Jahrbuch der Schweizerischen Gesellschaft für Urgeschichte 41, 1951, 123–124.

LAUR-BELART/MOOSBRUGGER 1953 – Rudolf LAUR-BELART/Rudolf MOOSBRUGGER, Fundbericht Liestal (Bez. Liestal, Baselland). Jahrbuch der Schweizerischen Gesellschaft für Urgeschichte 43, 1953, 103–107.

LAUR-BELART/MOOSBRUGGER 1954/1955 – Rudolf LAUR-BELART/Rudolf MOOSBRUGGER, Fundbericht Liestal (Bez. Liestal, Baselland): Munzach. Jahrbuch der Schweizerischen Gesellschaft für Urgeschichte 44, 1954/1955, 114–115.

LAVAGNE 1990 – Henri LAVAGNE, Courses de chars représentées sur les mosaïques. In: Christian LANDES (Hrsg.), Cirques et courses de chars Rome–Byzance (Ausstellungskatalog, Lattes 1990) 109–112.

LAVAGNE 2000 – Henri LAVAGNE, Recueil général des mosaïques de la Gaule III. Province de Narbonnaise 3, partie sud-est. Gallia, supplément 10 (Paris 2000).

LETZNER 2009 – Wolfram LETZNER, Der römische Circus. Massenunterhaltung im römischen Reich (Mainz 2009).

LUGINBÜHL ET AL. 2001 – Thierry LUGINBÜHL/Jacques MONNIER/Yves DUBOIS et al., Vie de palais et travail d'esclave. La villa romaine d'Orbe-Bosceaz (Ausstellungskatalog, Lausanne 2001).

MARTI 1998 – Reto MARTI, Ein verlorenes Epitaph des 7. Jahrhunderts. Zur Interpretation eines frühmittelalterlichen Mosaikfragments aus der Pfarrkirche St. Jakob in Sissach BL. In: Renate EBERSBACH/Alex R. FURGER/Max MARTIN et al. (Hrsg.), Mille Fiori, Festschrift Ludwig BERGER. Forschungen in Augst 25 (Augst 1998) 295–301.

MARTI 2000 – Reto MARTI, Zwischen Römerzeit und Mittelalter. Forschungen zur frühmittelalterlichen Siedlungsgeschichte der Nordwestschweiz (4.–10. Jahrhundert). Bd. A (Text) und B (Katalog). Archäologie und Museum 41 (Liestal 2000).

MARTI 2006 – Reto MARTI, Liestal, Ostenbergstrasse: Grabung in einer mittelalterlichen Siedlung. Archäologie Baselland, Jahresbericht 2006, 36–39.

MARTI 2008 – Reto MARTI, Liestal, Goldbrunnenstrasse: Sondierung im Areal der römischen Villa Munzach. Archäologie Baselland, Jahresbericht 2007, 56–59.

MARTI 2009 – Reto MARTI, Zwischen Grundbedarf und Überfluss – Wassernutzung im römischen Baselbiet. Baselbieter Heimatbuch 27, 2009, 219–238.

MARTI 2010 – Reto MARTI, Karten zur Römerzeit um 200 n. Chr., um 400 n. Chr. und zum Frühmittelalter im 7. Jahrhundert n. Chr. In: Christoph Merian Verlag (Hrsg.), Historischer Atlas der Region Basel. Geschichte der Grenzen (Basel 2010) 88–93.

MARTIN-KILCHER 1985 – Stefanie MARTIN-KILCHER, Ein silbernes Schwertortband mit Niellodekor und weitere Militärfunde des 3. Jahrhunderts aus Augst. Jahresberichte aus Augst und Kaiseraugst 5, 1985, 147–203.

MAY CASTELLA 2013 – Catherine MAY CASTELLA (Hrsg.), La villa romaine du Prieuré à Pully et ses peintures murales. Fouilles 1971–1976 et 2002–2004. Cahiers d'archéologie romande 146 (Lausanne 2013).

MONNIER/SABY 2014 – Jacques MONNIER/Frédéric SABY, Das gallorömische Anwesen von Vallon-Sur-Dompierre. In: Reto BLUMER/Dominique BUGNON/Sylvie GARNERIE et al., 7 wundervolle Freiburger Projekte. Archäologie Schweiz 37, 2014, 8–39, bes. 28–34.

PARATTE 2005 – Claude-Alain PARATTE, Les mosaïques de la villa gallo-romaine d'Orbe-Bosceaz (Canton de Vaud, Suisse). La mosaïque gréco-romaine 9, Actes du IX$^{ème}$ colloque international pour l'étude de la mosaïque antique et médiévale, Rome 2001. Collection de l'École française de Rome 352 (Rome 2005) 209–225.

PARLASCA 1959 – Klaus PARLASCA, Die römischen Mosaiken in Deutschland. Römisch-Germanische Forschungen 23 (Berlin 1959).

PRUDHOMME 1975 – Richard PRUDHOMME, Recherches des principes de construction de mosaïques géométriques romaines. La mosaïque gréco-romaine 2, Actes du II$^{ème}$ colloque international pour l'étude de la mosaïque antique, Vienne 1971 (Paris 1975) 339–347.

RAMSEIER 2003 – Markus RAMSEIER (Hrsg.), Ortsgeschichte und Ortsname – Flurnamen der Gemeinde Liestal (Pratteln 2003).

REBETEZ 1992 – Serge REBETEZ, Zwei figürlich verzierte Mosaiken und ein Lararium aus Vallon (Schweiz) / Les deux mosaïques figurées et le laraire de Vallon (Suisse). Antike Welt 23, 1992, 3–29.

REBETEZ 1997 – Serge REBETEZ, Mosaïques. Documents du Musée romain d'Avenches 2 (Avenches 1997).

REBMANN 1998 – Barbara REBMANN, Der andere Theodor STRÜBIN (1908–1988). In: Jürg TAUBER (Hrsg.), «Keine Kopie an niemand», Festschrift Jürg EWALD. Archäologie und Museum 39 (Liestal 1998) 117–120.

REBMANN 2000 – Barbara REBMANN (Hrsg.), Zeitbilder. Das Fotoarchiv von Theodor STRÜBIN (1908–1988). Quellen und Forschungen zur Geschichte und Landeskunde des Kantons Basel-Landschaft 75 (Liestal 2000).

REBMANN 2003 – Barbara REBMANN, Die Fotosammlung Theodor STRÜBIN. Eine Herausforderung zur Sicherung des fotografischen Erbes im Kantonsmuseum Baselland. 123. Basler Stadtbuch 2002 (Basel 2003) 134–138.

RULE 1974 – Margaret RULE, Floor Mosaics in Roman Britain. Fishbourne and other sites (London 1974).

Rüsch 1981 – Alfred Rüsch, Das römische Rottweil. Führer zu archäologischen Denkmälern in Baden-Württemberg 7 (Stuttgart 1981).

Schaub 2000 – Markus Schaub, Neue Beobachtungen zum metrologischen Grundschema der Stadtvermessung von Augusta Raurica. Jahresberichte aus Augst und Kaiseraugst 21, 2000, 83–95.

Schatzmann 2003 – Regula Schatzmann, Das Südwestquartier von Augusta Raurica. Untersuchungen zu einer städtischen Randzone. Forschungen in Augst 33 (Augst 2003).

Schmid 1993 – Debora Schmid, Die römischen Mosaiken aus Augst und Kaiseraugst. Forschungen in Augst 17 (Augst 1993).

Schmid 2008a – Debora Schmid, Die ältere Töpferei an der Venusstrasse-Ost in Augusta Raurica. Untersuchungen zur lokal hergestellten Gebrauchskeramik und zum regionalen Keramikhandel. Forschungen in Augst 41 (Augst 2008).

Schmid 2008b – Debora Schmid, Schlagfertig: Mosaikherstellung in Augusta Raurica. Zeitschrift für Schweizerische Archäologie und Kunstgeschichte 65, 2008, 150–158.

Springer 2006 – Anita Springer, «La fraîcheur de l'antiquité». Der römische Gutshof Munzach und sein Platz in der Zukunft (unpubliziertes Manuskript; Archäologie Baselland, Liestal 2006).

Stern/Blanchard-Lemée 1975 – Henri Stern/Michèle Blanchard-Lemée, Recueil général des mosaïques de la Gaule II. Province de Lyonnaise 2, partie sud-est. Gallia, supplément 10 (Paris 1975).

Strübin/Laur-Belart 1953 – Theodor Strübin/Rudolf Laur-Belart, Die römische Villa von Munzach bei Liestal. Ur-Schweiz 17, 1953, 1–14.

Tännler 2011 – Tamara Tännler, Der römische Gutshof in Pratteln-Kästeli. Teilauswertung der Grabung Pratteln, St. Jakobstrasse 53.124. Unpublizierte Masterarbeit Universität Bern (Bern 2011).

Thüry 2008 – Günther E. Thüry, Gärten und Gartenpflanzen der Austria Romana. In: Peter Scherrer (Hrsg.), Domus. Das Haus in den Städten der römischen Donauprovinzen. Akten des 3. Internationalen Symposiums über römische Städte in Noricum und Pannonien. Österreichisches Archäologisches Institut, Sonderschriften 44 (Wien 2008) 173–184.

Walser 1980 – Gerold Walser, Römische Inschriften in der Schweiz 2: Nordwest- und Nordschweiz (Bern 1980).

von Wartburg 2012 – Jan von Wartburg, Liestal, Goldbrunnenstrasse 13: Neues aus Munzach. Archäologie Baselland, Jahresbericht 2011, 36–41.

Weeber 1994 – Karl-Wilhelm Weeber, Panem et circenses. Massenunterhaltung als Politik im antiken Rom. Antike Welt, Sondernummer 25 (1994).

Yacoub 1993 – Mohamed Yacoub, Le musée du Bardo (Tunis 1993).

Yacoub 1995 – Mohamed Yacoub, Splendeurs des mosaïques de Tunisie (Tunis 1995).

## Abbildungsnachweis

1 Archäologie und Museum Baselland, Fotosammlung, D2.9710. – 2–5, 7–9, 11, 13–16, 18, 19, 24, 27, 29, 31, 32, 35–37, 40, 43–48, 63, 65, 68, 69, 89, 92, 94, 95, 98, 100–102, 105, 106, 110, 112–116, 127, 128, 131, 135, 136 Archäologie Baselland, Archiv. – 6 Archäologie und Museum Baselland, Fotosammlung, D2.9760. – 10, 125 Archäologie Baselland, Reto MARTI. – 12 Archäologie Baselland, Sarah SCHÄFER. – 17 Historisches Museum Basel, Philippe SAURBECK. – 20, 22 bunterhund. Atelier für Illustration, Zürich. – 21 Musée Romain Vallon, Bernard REYMOND. – 23, 54b, 67, 107–109, 117, 129, 133, 134, 137–151 Römerstadt Augusta Raurica, Archiv. – 25 Stiftsbibliothek St. Gallen, n. Albert BRUCKNER/Robert MARICHAL, Chartae latinae antiquiores (Olten 1956) Bd. 2, 92, Nr. 154. – 26 Öffentliche Kunstsammlung Basel, Kupferstichkabinett. – 28, 30, 33, 34, 39, 62, 90, 96 Archäologie Baselland, Sarah SCHÄFER/Michael VOCK/Reto MARTI. – 38, 41, 42, 54a, 61, 64, 77, 91, 93 Archäologie Baselland, Michael VOCK. – 49, 54c, 57 Bernisches Historisches Museum, Yvonne HURNI. – 50, 51 Musée de Vaison-la-Romaine. – 52 Wikimedia.org, Römisch-Germanisches Museum Köln, Carole RADDATO. – 53 Wikimedia.org, Römisch-Germanisches Museum Köln, Denis BARTHEL. – 55 AVENTICVM – Site et Musée romains d'Avenches. – 56 Dominikanermuseum Rottweil, Robert HAK. – 58 HOFFMANN ET AL. 1999, Taf. 88. – 59 Kantonsarchäologie Aargau, Vindonissa Museum, Brugg. – 60 YACOUB 1995, Fig. 97. – 66, 97, 99, 123, 124, 126 Archäologie Baselland, Sabine BUGMANN. – 70, 71 Susanne FIBBI-AEPPLI, Grandson. – 72, 73 Musée gallo-romain de Lyon, Christian THIOC. – 74 LANDES 1990, Fig. 93a. – 75 LANDES 1990, Pl. 2 (falsche Legende). – 76 LANDES 1990, Pl. 3 (falsche Legende). – 78 JACOUB 1995, Fig. 156a. – 79 LETZNER 2009, Abb. 25. – 80 FRADIER 1982, Abb. S. 131. – 81 LANDES 1990, Fig. 92d. – 82, 83 CHAMAY ET AL. 2007, Fig. 26 und 27. – 84 Marcus WEEBER, Octo librorum rerum Augustanarum Vindelicarum antiqua monumenta (Venedig 1594), Vorlage Römisches Museum Augsburg. – 85 http://aquifuetroya.com/wp-content/uploads/2014/04/PB024985-2.jpg. – 86 HOFFMANN ET AL. 1999, Taf. 71. – 87 Wikimedia.org, Rheinisches Landesmuseum Trier, Th. ZÜHMER. – 88 WEEBER 1994, Abb. 70,a.b. – 103, 104, 111, 118–120, 122, 130, 132 Archäologie Baselland, Reto MARTI (Entwurf Debora SCHMID). – 121 Archäologie Baselland, Michael VOCK/Reto MARTI. – 152 Römerstadt Augusta Raurica, Claudia ZIPFEL, bearbeitet Reto MARTI.

Das Signet des 1488 gegründeten Druck- und Verlagshauses Schwabe reicht zurück in die Anfänge der Buchdruckerkunst und stammt aus dem Umkreis von Hans Holbein. Es ist die Druckermarke der Petri; sie illustriert die Bibelstelle Jeremia 23,29: «Ist nicht mein Wort wie Feuer, spricht der Herr, und wie ein Hammer, der Felsen zerschmettert?»